CONTROLE EXTERNO

ESTUDOS TEMÁTICOS

EVANDRO MARTINS GUERRA
SEBASTIÃO HELVECIO RAMOS DE CASTRO
Coordenadores

CONTROLE EXTERNO

ESTUDOS TEMÁTICOS

Belo Horizonte

2012

© 2012 Editora Fórum Ltda.

É proibida a reprodução total ou parcial desta obra, por qualquer meio eletrônico, inclusive por processos xerográficos, sem autorização expressa do Editor.

Conselho Editorial

Adilson Abreu Dallari
Alécia Paolucci Nogueira Bicalho
Alexandre Coutinho Pagliarini
André Ramos Tavares
Carlos Ayres Britto
Carlos Mário da Silva Velloso
Carlos Pinto Coelho Motta (in memoriam)
Cármen Lúcia Antunes Rocha
Cesar Augusto Guimarães Pereira
Clovis Beznos
Cristiana Fortini
Dinorá Adelaide Musetti Grotti
Diogo de Figueiredo Moreira Neto
Egon Bockmann Moreira
Emerson Gabardo
Fabrício Motta
Fernando Rossi
Flávio Henrique Unes Pereira

Floriano de Azevedo Marques Neto
Gustavo Justino de Oliveira
Inês Virgínia Prado Soares
Jorge Ulisses Jacoby Fernandes
José Nilo de Castro (in memoriam)
Juarez Freitas
Lúcia Valle Figueiredo (in memoriam)
Luciano Ferraz
Lúcio Delfino
Marcia Carla Pereira Ribeiro
Márcio Cammarosano
Maria Sylvia Zanella Di Pietro
Ney José de Freitas
Oswaldo Othon de Pontes Saraiva Filho
Paulo Modesto
Romeu Felipe Bacellar Filho
Sérgio Guerra

Luís Cláudio Rodrigues Ferreira
Presidente e Editor

Coordenação editorial: Olga M. A. Sousa
Supervisão editorial: Marcelo Belico
Revisão: Daniel Starling
Gabriela Sbeghen
Bibliotecários: Ana Carolina Marques – CRB 2933 – 6ª Região
Ricardo Neto – CRB 2752 – 6ª Região
Indexação: Paloma Fernandes Figueiredo Santos – CRB 2751 – 6ª Região
Capa e projeto gráfico: Walter Santos
Diagramação: Karine Rocha

Av. Afonso Pena, 2770 – 15º/16º andares – Funcionários – CEP 30130-007
Belo Horizonte – Minas Gerais – Tel.: (31) 2121.4900 / 2121.4949
www.editoraforum.com.br – editoraforum@editoraforum.com.br

T278	Controle Externo: estudos temáticos / Coordenadores Evandro Martins Guerra ; Sebastião Helvecio Ramos de Castro. – Belo Horizonte : Fórum, 2012.
	184 p. : il.
	ISBN 978-85-7700-604-5
	1. Direito administrativo. 2. Direito financeiro. 3. Direito constitucional. 4. Direito previdenciário. I. Guerra, Evandro Martins. II. Castro, Sebastião Helvecio Ramos de.
	CDD: 342.06
	CDU: 342.9

Informação bibliográfica deste livro, conforme a NBR 6023:2002 da Associação Brasileira de Normas Técnicas (ABNT):

GUERRA, Evandro Martins; CASTRO, Sebastião Helvecio Ramos de (Coord.). *Controle Externo*: estudos temáticos. Belo Horizonte: Fórum, 2012. 184 p. ISBN 978-85-7700-604-5.

SUMÁRIO

IMPACTO DESALOCATIVO NO ORÇAMENTO PÚBLICO ESTADUAL EM FACE DE DECISÕES JUDICIAIS
Sebastião Helvecio Ramos de Castro 9
    Introdução 9
1   Bases constitucionais para as políticas públicas de saúde 11
2   Reserva do possível 19
3   O orçamento do Estado de Minas Gerais e o impacto desalocativo face as decisões judiciais 30
    Conclusão 39
    Referências 45

BENEFÍCIO EVENTUAL POR MORTE EM FACE DO SISTEMA ÚNICO DE ASSISTÊNCIA SOCIAL
Evandro Martins Guerra 47
1   Natureza jurídica 47
2   Exegese fixada pelo Tribunal de Contas da União 52
3   Dos beneficiários 52
    Conclusão 55

AUTO DE PRAZO PARA REGULARIZAÇÃO DE PROCEDIMENTO
Raquel de Oliveira Miranda Simões, Marília Gonçalves de Carvalho 57
    Introdução 57
1   Fundamentação jurídica 57
1.1   Função e competências 57
1.2   Assinatura de prazo para cumprimento da lei 58
1.3   Do Auto de Prazo para Regularização de Procedimento 59
1.4   Inconfundibilidade com instrumentos bilaterais de controle 60
1.4.1   Termo de Ajustamento de Conduta (art. 5º, §6º, Lei nº 7.347/85) 60
1.4.2   Contrato de gestão previsto no art. 37, §8º, da Constituição da República de 1988 61
2   Aplicabilidade prática 62
    Conclusão 63

ACCOUNTABILITY HORIZONTAL, PROCEDIMENTALIZAÇÃO E A FASE INTERNA DAS LICITAÇÕES, DISPENSAS E INEXIGIBILIDADES
Luís Emílio Pinheiro Naves 65
    Introdução 65
1   Visão jurídica da fase preparatória da licitação pública ou dos procedimentos de sua dispensa ou de sua inexigibilidade 66
1.1 Contextualização e identificação do problema 66
1.2 Normas incidentes sobre a fase preparatória da despesa pública 70
2   Procedimentalização 76
2.1 O modelo racional-legal da Administração 76
2.2 *Accountability* horizontal 79
3   Aproximação das normas internas sobre a fase preparatória das licitações com aspectos do modelo racional-legal organizacional e da *accountability* horizontal 81
    Conclusão 83
    Referências 84

CONSIDERAÇÕES SOBRE A SELEÇÃO DOS PROFISSIONAIS INTEGRANTES DO PROGRAMA DE SAÚDE DA FAMÍLIA
Délia Mara Villani Monteiro 87
    Introdução 87
1   A implantação do Programa Saúde da Família 88
2   A escolha dos profissionais integrantes das equipes 91
3   A adequação do processo seletivo simplificado para a seleção de agentes comunitários de saúde e agentes de combate a endemias 96
4   A necessidade de seleção de profissionais de nível superior e médio por concurso público 99
5   Distinção entre processo seletivo simplificado e concurso público 99
    Conclusão 100
    Referências 100

PONDERAÇÕES QUANTO AO JULGAMENTO DE MÉRITO DO PROCESSO DE INSPEÇÃO-LICITAÇÃO
André Luís Lopes Farinelli, José Cupertino de Oliveira Silveira, Letícia Flávia Albergaria Silva Nicolai 103
1   Principais falhas cometidas (quesito materialidade) 112
2   Principais elementos a serem considerados e verificados nos julgamentos das irregularidades 113

CONTROLE INTERNO
Simone Matta de Miranda Alcântara 115
    Introdução 115
1   Controle da Administração Pública 116
2   Fundamentação 120
3   Controle Interno 121
3.1   Definição 121
3.2   Princípios 123
3.3   Considerações 125
3.4   Sistema 127
    Considerações finais 129
    Referências 130

PROJETO SURICATO – INSTITUCIONALIZAÇÃO DA POLÍTICA DE FISCALIZAÇÃO INTEGRADA
Luís Emílio Pinheiro Naves, Marília Gonçalves de Carvalho, Raquel de Oliveira Miranda Simões 133
    Introdução 133
1   Referencial teórico 134
1.1   Sociedade da Informação 134
1.2   Gestão do Conhecimento 135
2   O projeto de fiscalização integrada do TCEMG 137
2.1   Malhas eletrônicas de fiscalização 138
2.2   Objetivos 138
    Conclusão 139
    Referências 139

O SISTEMA INFORMATIZADO DE ATOS DE PESSOAL NO TRIBUNAL DE CONTAS DO ESTADO DE MINAS GERAIS
Mariléa da Silva 141
    Introdução 141
1   A tecnologia da informação 142
2   A Era da informatização em outros Tribunais de Contas do Brasil 144
3   A necessidade de sistema informatizado no Tribunal de Contas do Estado de Minas Gerais 147
4   A evolução de sistemas informatizados no Tribunal de Contas do Estado de Minas Gerais 149
5   O Sistema Informatizado de Fiscalização de Atos de Pessoal (FISCAP) 151
5.1   A tecnologia do sistema 153

5.2 A necessidade de ações conjuntas 154
5.3 Os produtos gerados pelo FISCAP 154
    Conclusão 155
    Referências 156

UM NOVO OLHAR TRAZIDO PELO CONSELHEIRO SEBASTIÃO HELVECIO SOBRE AS PRESTAÇÕES DE CONTAS DOS REPRESENTANTES DO EXECUTIVO MUNICIPAL E AS MODIFICAÇÕES INTRODUZIDAS NO PARECER PRÉVIO

Rosane Meire Vinagre, Letícia Rezende Paiva 159
    Introdução 159
1   A função constitucional do Tribunal de Contas na emissão do parecer prévio sobre a prestação de contas do chefe do Poder Executivo 160
2   A prestação de contas do chefe do Poder Executivo 163
3   O parecer prévio 164
4   O Tribunal de Contas e sua função social de divulgação dos dados apresentados pelos chefes do Poder Executivo 164
5   As modificações introduzidas no voto do parecer prévio da relatoria do conselheiro Sebastião Helvecio 165
    Conclusão 167
    Referências 167

ÍNDICE DE ASSUNTO 175

ÍNDICE DA LEGISLAÇÃO 179

ÍNDICE ONOMÁSTICO 183

IMPACTO DESALOCATIVO NO ORÇAMENTO PÚBLICO ESTADUAL EM FACE DE DECISÕES JUDICIAIS[1]

SEBASTIÃO HELVECIO RAMOS DE CASTRO

> *As aparências para a mente são de quatro tipos: as coisas ou são o que parecem ser; ou não são, nem parecem ser; ou são e não parecem ser; ou não são, mas parecem ser. Posicionar-se, corretamente, frente a todos esses casos é tarefa do homem sábio.*
>
> (Epicteto, século II d.C.)

Introdução

O tema deste trabalho — Impacto desalocativo no orçamento público estadual em face de decisões judiciais — é resultante da visível percepção do crescimento da despesa pública para o atendimento de sentenças judiciais em todos os níveis da República Federativa do Brasil.

---

[1] Trabalho premiado no IV Prêmio SOF de monografias – 2011, da Secretaria de Orçamento Federal, no tema II: Novas Abordagens do Orçamento Público.

O escopo adotado fundamenta-se no orçamento executado, isto é, despesas empenhadas, liquidadas e pagas no biênio 2009-2010, cotejando-se a execução de atividades em saúde previstas nas respectivas leis orçamentárias anuais do Estado de Minas Gerais e o dispêndio resultante do atendimento de sentenças judiciais no âmbito da Secretaria de Estado de Saúde. Infere-se, portanto, que o presente estudo alcança apenas a despesa pública com saúde no âmbito do ente "Estado de Minas Gerais", excluindo-se da análise o dispêndio imposto ao conjunto dos 853 Municípios mineiros e à União.

A presente pesquisa é desenvolvida em cinco capítulos, a saber: introdução, bases constitucionais para as políticas públicas de saúde, reserva do possível, orçamento do Estado de Minas Gerais e o impacto desalocativo no orçamento público estadual em face de decisões judiciais e as conclusões, além de anexos e referências.

A superação do positivismo jurídico exige uma revisão de vários institutos jurídicos e inúmeras teorias que, embora servissem ao modelo liberal de Estado de direito, atualmente não se sustentam no seio do novo constitucionalismo. Na prática, toda decisão ampliativa de recursos é implicitamente, também uma decisão desalocativa de recursos — o Estado executa o orçamento votado, buscando atender a uma série de demandas, algumas impositivas como encargos da dívida, outras determinadas por comandos constitucionais (educação, saúde, ciência e tecnologia), e ainda aquelas definidas em legislações complementares, tais como despesa total com pessoal (arts. 19, 20, 22 da Lei Complementar nº 101 à Lei de Responsabilidade Fiscal – LRF), além de portarias, resoluções e instruções normativas. Na verdade, quanto maior a participação do cidadão — diretamente ou por seus representantes — melhor a qualidade de dados e conhecimentos para a tomada de decisão — com transparência — e menor a possibilidade de ser praticada a iniquidade, símbolo maior da exclusão.

Portanto, a pesquisa apresentada não é um trabalho finalístico, ao contrário, é seminal e tem o objetivo de dar conhecimento do impacto desalocativo ocorrido no orçamento do Estado de Minas Gerais no biênio 2009-2010, permitindo a criação de série histórica que determinará melhor avaliação e monitoramento dos gastos públicos face a decisões judiciais no âmbito da saúde.

1 Bases constitucionais para as políticas públicas de saúde

A VIII Conferência Nacional de Saúde, convocada pelo Decreto nº 91.466, de 23 de julho de 1985, é um marco no movimento reformista da saúde no Brasil. Na verdade é a primeira Conferência que se realiza com ampla participação: as sete anteriores foram realizadas em ambientes fechados. Entre o final de 1985 e o início de 1986 ocorreram centenas de reuniões preparatórias municipais e 21 estaduais, sendo a segunda-feira de 17 de março de 1986 o "dia da implantação da Oitava" um referencial na história da saúde pública do Brasil, pois abria-se a vereda da construção de um sistema nacional de saúde e três questões cruciais compunham o eixo temático: "Saúde como Dever do Estado e Direito do Cidadão", "Reformulação do Sistema Nacional de Saúde" e "Financiamento Setorial".

O tema saúde, na CR/88, tem duas características essenciais: inclusão como direito fundamental e regras gerais e princípios para a condução das políticas públicas na área.

Os direitos fundamentais (individuais, coletivos e sociais) gozam de aplicabilidade direta, nos termos do parágrafo 2º do art. 5º da Constituição.

A fundamentação principiológica é retirada de leitura sistematizada dos arts. 194, 196 e 198:
   a) universalidade da cobertura e do atendimento;
   b) caráter democrático e descentralizado da administração com a participação de trabalhadores, empregadores, aposentados e Governo nos órgãos colegiados;
   c) regionalização e hierarquização;
   d) atendimento integral, priorizando as atividades preventivas, sem prejuízo dos serviços assistenciais.

O art. 200 enumera algumas competências do sistema único de saúde, incluindo entre outras a formulação de política e da execução das ações de saneamento básico.

No Brasil, inúmeros legisladores e constituintes tentaram ao longo da história estabelecer uma vinculação entre gastos em ações e serviços públicos de saúde e receitas dos orçamentos públicos.

O ordenamento jurídico consolidou essa ideia por meio da Emenda Constitucional nº 29, de 13 de setembro de 2000, também conhecida como "Emenda da Saúde" e que determinou o comprometimento de receitas da União, dos Estados e dos Municípios para o financiamento dos gastos públicos em saúde.

A União deve aplicar recursos mínimos equivalentes ao valor apurado no ano anterior, corrigido pela variação do Produto Interno Bruto (PIB); a base de referência foi o montante empenhado em ações e serviços públicos de saúde no exercício financeiro de 1999, acrescido de, no mínimo, cinco por cento.

Os Estados e Municípios devem aplicar 12% e 15% de suas receitas, no mínimo, respectivamente, sendo que o ano referência para a implantação da norma foi o exercício de 2000 ao qual se atribuiu um percentual mínimo de 7%; nos cinco exercícios seguintes dever-se-ia, gradativamente, aproximar-se do percentual determinado, que seria alcançado no exercício financeiro de 2004.

A vigência da EC-29 não determinou maiores aportes de recursos próprios do Estado de Minas Gerais e do conjunto dos 853 Municípios mineiros, ao financiamento de gastos com ações e serviços públicos de saúde, na série histórica de dez anos (1996-2005).[2]

No caso específico de Minas Gerais, há de se considerar a decisão histórica e única, em todas as unidades da federação, dos constituintes à CM-89 — Constituição Compromisso — de insculpir no parágrafo 1º do art. 158: "os recursos para os programas de saúde não serão inferiores aos destinados aos investimentos em transporte e sistema viário". Tal dispositivo é decorrente da impossibilidade, à época, de vincular um percentual da receita própria do Estado para o financiamento da saúde.

O comando constitucional definidor de saúde ao olhar do constituinte à IV Constituição Mineira, a Constituição Compromisso de 1989, também é objetivo: opta-se pelo conceito ampliado de saúde, tendência oriunda do sentimento predominante da VIII Conferência Nacional de Saúde que inspirou os constituintes nacionais e estaduais.

Lê-se então no art. 186, da CM-89:

> Art. 186. A saúde é direito de todos, e a assistência a ela é dever do Estado, assegurada mediante políticas sociais e econômicas que visem à eliminação do risco de doenças e de outros agravos e ao acesso universal e igualitário à ações aos serviços para a sua promoção, proteção e recuperação.
>
> Parágrafo único: O direito à saúde implica a garantia de:
>
> I - condições dignas de trabalho, moradia, alimentação, educação, transporte, lazer e saneamento básico;

---

[2] CASTRO, Sebastião Helvecio Ramos de. *Sístoles e diástoles no financiamento da saúde em Minas Gerais*: o período pós-constituinte 1989.

II - acesso às informações de interesse para a saúde, obrigado o Poder Público a manter a população informada sobre os riscos e danos à saúde e sobre as medidas de prevenção e controle;

III - dignidade, gratuidade e boa qualidade no atendimento e no tratamento de saúde;

IV - participação da sociedade, por intermédio de entidades representativas na elaboração de políticas, na definição de estratégias de implementação e no controle das atividades com impacto sobre a saúde.

A interpretação correta do dispositivo constitucional acima mencionado está na mesma diretriz da CR/88 que, em seu art. 196, esclarece que a garantia do direito à saúde se dará por meio de políticas sociais e econômicas. Infere-se, portanto, que a possibilidade do Poder Judiciário concretizar, independentemente de mediação legislativa, o direito à saúde é mitigado, no modo de interpretar o art. 196, da CR-88 e o art. 188 da CM 89, que, limpidamente, identifica a ação de órgãos executores de políticas públicas.

Verifica-se que a partir da promulgação da CR/88 — Constituição Cidadã — os direitos sociais vêm ganhando mais força normativa e efetividade. A saúde é colocada na centralidade dos governos e da sociedade.

Na verdade, a CR/88 reflete um projeto reformista que pressupõe um novo modelo de intervenção do Estado na saúde e o reconhecimento de um federalismo trino, com a reconfiguração do papel dos três entes da federação.

A CR/88 reconhece a saúde como direito social de cidadania e, consequentemente, a inclui no rol de ações de iniciativa dos Poderes Públicos e da sociedade voltadas para garantir a nova ordem social, cujos objetivos precípuos são o bem-estar e a justiça sociais.

A discussão de políticas de saúde no Brasil encontra nos arts. 6º e 196 da CR/88 um marco teórico consagrador, pois se infere que a saúde é um direito fundamental das pessoas e dever do Estado, ou seja, o tema desloca-se da seara técnica e política e passa a ser também jurídico e de ordem constitucional.

É um salto quântico[3] pois a "juridicização constitucional", ou seja, o *status* constitucional das políticas de saúde traz o tema para uma zona de interface de duas das mais exponenciais áreas do conhecimento

---

[3] Salto quântico é a denominação que identifica a mudança de posição de um elétron na eletrosfera de um átomo, em função da absorção ou emissão de energia. É um patamar diferente do inicial.

humano: os operadores da política de saúde têm de percorrer a vereda de princípios e limites legais que antes não se abasteciam no manancial constitucional e, lado outro, o seio do mando jurídico tem de albergar uma das mais complexas racionalidades na elaboração de políticas públicas do Estado hodierno. Ledo engano, imaginar que a transposição dessas importantes vertentes possa ocorrer sem conflitos de ideias e disputas de poder.

Uma análise perfunctória da questão já identifica um enorme problema: de um lado especialistas em políticas de saúde partem da premissa de que o recurso destinado à função é escasso e deve ser alocado com a maior eficácia, eficiência e efetividade e, na outra ponta, a visão embasada pelo judiciário que a premissa da saúde é direito fundamental, logo a escassez de recursos para provê-la é secundária.

Outra reflexão necessária: a saúde das pessoas é determinada por uma série de fatores inter-relacionados (biológicos, ambientais, econômicos, sociais), permitindo concluir que a atenção à saúde depende de políticas multissetoriais das quais os serviços médicos e o fornecimento de remédios são uma parte do sistema e assim contrapõe-se à maioria das ações que movimentam o judiciário que tratam de intervenções médicas pontuais e específicas, como a realização de exames sofisticados, cirurgias e fornecimento de medicamentos. Verifica-se que o dilema se robustece: a questão saúde deve ser enfrentada no contexto socioeconômico-ambiental mais amplo ou recortada ao prisma reducionista dos cuidados médicos?

A judicialização da saúde, também identificada na literatura como "Judicialização de Assistência Farmacêutica", "Judicialização do Direito à Saúde" "Fenômeno da Judicialização dos Medicamentos", tem um viés que merece destaque: as políticas públicas de saúde devem se embasar na redução das desigualdades econômicas e sociais e quando o judiciário é protagonista na implementação dessas políticas constata-se que o cumprimento de decisões judiciais alcança na sua maioria a classe média brasileira, ou seja, a possibilidade de o judiciário determinar a entrega gratuita de medicamentos é prática que consolida a iniquidade e contrasta com o princípio do acesso universal.

Adota-se o conceito de judicialização no sentido de que "judicialização da política" e "politização da justiça" são expressões correlatas e indicam os efeitos da expansão do Poder Judiciário no processo decisório das democracias contemporâneas. Há de se ressaltar que tal conceituação não é uniforme entre autores e atores, quer no cenário do Judiciário, quer nos formuladores de políticas públicas.

Os juristas preferem uma conceituação minimalista e usam o termo judicialização para se referirem à obrigação legal de que determinado tema seja apreciado judicialmente. Mais reducionista, com caráter normativo, afirma-se que judicialização é o ingresso em juízo de determinada causa, que indicaria certa preferência do autor por essa via. Autores referenciais na literatura brasileira, como Luis Werneck Vianna,[4] adotam o termo para descrever as transformações advindas da Constituição Cidadã de 1988 que permitiram o maior protagonismo do Judiciário, face à nítida expansão dos instrumentos de proteção judicial, usados à exaustão por entes federados (Estados e Municípios), bancadas parlamentares que representam as minorias, além de entidades classistas e associações civis e profissionais.

O foco do presente estudo é medir o impacto desalocativo no orçamento público do Estado de Minas Gerais face às sentenças judiciais na área da saúde, razão pela qual faz-se um recorte na judicialização da política para ater-se à judicialização da saúde, aplicando o termo não só à ação dos juízes, mas também profissionais de outras carreiras judiciais (Ministério Público, Defensoria Pública) e grupos de representações que defendem o recurso das arenas judiciais para aplicar a proteção à saúde ou minimizar discriminação.

Na contextualização da abordagem do papel do Poder Judiciário na democracia brasileira, Rogério Bastos Arantes[5] e Luis Werneck Vianna colocam luz no dilema conceitual e normativo da judicialização da política: o primeiro utiliza a ideia de judicialização da política para referir-se ao ativismo voluntarista do Ministério Público e suas implicações negativas, seja para a integridade das funções políticas das instituições representativas, seja para a própria manutenção da independência funcional da instituição, o segundo incorpora conceito de Giselle Citadino dando dimensão constitucional ao ativismo positivo de agentes sociais e judiciais na produção da cidadania e conclui que a procedimentalização do direito e ampliação dos instrumentos judiciais como um sítio público de destaque para a formação de opinião é o acesso do cidadão à agenda das instituições políticas.

Débora Alves Maciel e Andrei Koerner resenham as duas obras que ilustram o dilema anteriormente colocado: Luis Werneck Vianna (Org.) *A democracia e os três poderes no Brasil*; e Rogério Bastos Arantes. *Ministério Público e política no Brasil*.[6]

---

[4] VIANNA, Luis Werneck (Org.). *A democracia e os três poderes no Brasil*.
[5] ARANTES, Rogério Bastos. *Ministério Público e política no Brasil*.
[6] MACIEL, Débora Alves; KOERNER, Andrei. Sentidos da judicialização da política: duas análises. *Revista Lua Nova*, p. 114-133.

Gisele Cittadino[7] entende que a Constituição Cidadã teria sido marcada pela ação de juristas alinhados com o ideário do constitucionalismo democrático em contraponto ao constitucionalismo liberal assentado na defesa do individualismo racional, na garantia limitada dos direitos civis e políticos e clara separação dos poderes. Nessa esteira, os valores da dignidade humana, da solidariedade social, a ampliação do âmbito de proteção dos direitos e a redefinição das relações entre os poderes do Estado, ao serem incorporados pelos constituintes de 1988 dão ao Judiciário um novo espaço público e a efetivação dos direitos fundamentais seria obra de círculo de intérpretes na esfera judicial construída por meio de instrumentos processuais-procedimentais. A autora, então, sente-se segura para inferir "a judicialização da política é o processo por meio do qual uma comunidade de intérpretes, pela via de um amplo processo hermenêutico, procura dar densidade e corporificação aos princípios abstratamente configurados na Constituição".[8] Conclui-se, então que o fenômeno expressa a transformação constitucional com a expansão do âmbito de atuação do Judiciário.

Débora Alves Maciel e Andrei Koerner concluem que "a concepção original de judicialização da política é marcada por uma concepção formal das atribuições e relações dos poderes, assim como uma conotação de progressidade, de processo unidirecional cuja pertinência empírica é discutível".[9] No Brasil, o debate público incorporou a expressão num sentido fortemente normativo e provocou a proliferação dos seus sentidos. A produção acadêmica também apresenta fluidez no uso da expressão, a qual não se torna mais que um nome que é tomado como ponto de partida para análises cujas perspectivas são bastante divergentes.

A normatividade e a efetividade das disposições constitucionais estabeleceram novos patamares para o constitucionalismo no Brasil e em Minas Gerais, identificados pelo Professor José Joaquim Gomes Canotilho como a "viragem jurisprudencial", ou seja, as decisões dos tribunais constitucionais passaram a considerar-se como um novo modo de praticar o direito constitucional — daí o nome moderno direito constitucional.[10]

---

[7] CITTADINO, Gisele. *Pluralismo, direito e justiça distributiva*: elementos da filosofia constitucional contemporânea.
[8] CITTADINO, Gisele. *Pluralismo, direito e justiça distributiva*: elementos da filosofia constitucional contemporânea, p. 39.
[9] MACIEL, Débora Alves; KOERNER, Andrei. Sentidos da judicialização da política: duas análises. *Revista Lua Nova*, p. 129.
[10] CANOTILHO, José Joaquim Gomes. *Direito constitucional e teoria da Constituição*, 26 p.

Noel Struchiner, em sua tese de doutorado,[11] ao demonstrar o desenho institucional para a investigação filosófica acerca dos casos difíceis do direito, permite uma instigante vertente para contestar a outorga ao Judiciário da prerrogativa de aplicar de maneira direta e imediata o preceito que positiva o direito à saúde. A decisão do constituinte originário impõe um desenho institucional cristalino: o direito à saúde é garantido através de políticas sociais e econômicas, formuladas em leis, majoritariamente de iniciativa do Poder Executivo, que possui visão global tanto dos recursos orçamentários disponíveis quanto da demanda a ser atendida, com a decisiva participação do Poder Legislativo, quer pela apresentação de emendas ao texto original, quer pela aprovação do Plenário. Portanto, aí está a segunda diretriz de contestação à judicialização da saúde: as decisões judiciais que determinam a entrega gratuita de medicamentos pelo Poder Público alteram o arranjo institucional previsto na Constituição da República, a Constituição Cidadã de 1988 e também pela CM/89, a Constituição Compromisso.

O tripé contestatório à judicialização da saúde se completa com a fundamentação na legitimidade democrática. Não há de se permitir em retirar ou minimizar poderes legitimados pelo voto popular.

O constituinte mineiro de 1989 também inovou nessa área, pois além das três leis do ciclo orçamentário previstas pela CM/89, determinou a elaboração do Plano Mineiro de Desenvolvimento Integrado (PMDI) com visão de longo prazo.

O planejamento é vital para a viabilização da Administração Pública. Porém, a ideia de planejamento não é tão antiga como faz crer seu uso disseminado nos dias de hoje.

Plano, etimologicamente, se origina do adjetivo "liso", "sem dificuldade". Antônio Geraldo da Cunha leciona que o derivativo "planejar" surge em 1881. Mas, para entendê-lo com o significado conhecido hoje, foi necessária a Grande Depressão determinar a estagnação econômica do capitalismo liberal no ocidente para que o mundo despertasse a sua atenção para a União das Repúblicas Socialistas Soviéticas que continuava a crescer, sem parar, alheia ao que acontecia em outros países.[12]

Eric John Hobsbawn destaca que a primeira instituição de planejamento a se organizar integralmente foi a GOELRO (Comissão do

---

[11] STRUCHINER, Noel. *Para falar de regras*: o positivismo conceitual como cenário para uma investigação filosófica acerca dos casos difíceis do direito.
[12] CUNHA, Antônio Geraldo da. *Dicionário etimológico nova fronteira de língua portuguesa*.

Estado para a Eletrificação da Rússia), em 1920, que foi sucedida pela GOSPLAN (1921), a famosa "Comissão de Planejamento do Estado", e tornou-se a ancestral e inspiradora de todas as instituições estatais destinadas a planejar ou mesmo exercer supervisão macroeconômica sobre as economias dos Estados do século XX. A economia planejada dos Planos Quinquenais (1929-1941) estava voltada para a criação de novas empresas: o Produto Nacional Bruto (PNB) soviético crescia a 5,7% ao ano.[13]

Na América Latina, o planejamento em saúde se estruturou a partir da década de setenta com o método CENDES-OPS de Programação em Saúde. Rubens Araujo Mattos fez um amplo e detalhado estudo a respeito da metodologia CENDES-OPAS, concluindo que a programação tem o grande mérito de estabelecer uma série de critérios para o uso eficiente do recurso público privilegiando-se a intervenção em problemas que respondiam melhor à tecnologia existente, àqueles numericamente mais prevalentes e que teriam condições sobre outros setores da sociedade. As críticas dos métodos fulcravam-se nos seus aspectos prescritores e normatizadores.[14]

Surge então o Planejamento Estratégico Situacional de Carlos Matus e o Planejamento Estratégico de Mario Testa, documentos extremamente importantes para o preparo da VIII Conferência Nacional da Saúde, com repercussão na implantação do Sistema Único de Saúde no Brasil.

O constituinte originário de 1988 se inspira na constituição germânica para a redação do art. 84, que no seu inciso XXIII estabelece a competência privativa do Presidente da República para "enviar ao Congresso Nacional o plano plurianual, o projeto de lei de diretrizes orçamentárias e as propostas de orçamento previstos nesta Constituição".

O constituinte mineiro de 1989, valorizando ao máximo o planejamento na consecução das políticas públicas, faz insculpir o art. 154 que assevera:

> A lei que instituir o plano plurianual de ação governamental estabelecerá, de forma regionalizada, as diretrizes, objetivos e metas da Administração Pública para as despesas de capital e outras delas decorrentes e para as relativas a programas de duração continuada.

---

[13] HOBSBAWM. Eric John. *A era dos extremos*: o breve século XX: 1914-1991, 369 p.
[14] MATTOS, Rubens Araujo. *A teoria da programação de saúde no método CENDES/OPAS*, p. 227.

Parágrafo Único: o plano plurianual e os programas estaduais, regionais e setoriais previstos nesta Constituição serão elaborados em consonância com o Plano Mineiro de Desenvolvimento Integrado e submetidos à apreciação da Assembléia Legislativa.

Conclui-se, portanto, que as ações governamentais em Minas Gerais são decididas em planejamento de longo prazo (PMDI) com visão do Estado em cenário de mais de vinte anos, médio prazo (PPAG) com elaboração quadrienal e revisão anual, contemplando metas e recursos que se desdobram em leis a mais, Lei de Diretrizes Orçamentárias (LDO) e Lei Orçamentária Anual (LOA).

2 Reserva do possível

A função alocativa no orçamento é tarefa das mais difíceis, face que o recurso disponibilizado é finito e as demandas são infinitas. A necessidade de se equilibrar receita e despesa é expediente de execução sofrida, com repetidas "escolhas de Sofia".

A saúde, um dos três extratos componentes do instituto denominado seguridade social, ao lado da previdência e da assistência, de acordo com a Constituição vigente, deve ser regida pelo princípio da universalidade em detrimento ao da seletividade.

Contudo, é sabido que o Estado não possui recursos materiais para atender ao princípio da universalidade integralmente, motivo pelo qual, no limite da reserva do possível, deve-se ponderá-lo com o princípio da seletividade, cabendo ao Poder Público estabelecer parâmetros para a prestação da saúde. Adita-se ainda que, face a decisão constitucional de financiamento trino (União, Estados e Municípios) e a legislação infraconstitucional eleger o Município como o ente responsável pela execução das ações e serviços públicos de saúde, torna-se vital o planejamento em saúde.

O Brasil é um Estado federal originário de um Estado unitário, por isso, desde a Carta Imperial de 1824 até a Constituição Cidadã de 1988, transcorreram movimentos de centralização/descentralização administrativas com repercussão direta no efetivo atendimento às ações e serviços públicos de saúde.

No caso brasileiro, as imensas desigualdades socioeconômicas e espaciais vistas na federação, e o modelo de financiamento da saúde pública, exigem um conjunto de procedimentos fiscais e orçamentários que conformam uma rede complexa, que exibe conflitos legislativos e financeiros com os entes federados.

Não há legislação definidora da participação de cada ente federado na construção do financiamento público e o vácuo para a correta interpretação do que são "ações e serviços públicos de saúde" persistem, apesar dos esforços — muitas vezes conflitantes — de legislação de diferentes entes e resoluções de diferentes conselhos.

Daniel Judah Elazar permite conhecer as raízes históricas do termo "federal", ao apontar a sua origem latina — *foedus amicitae* — que, assim como o termo hebreu *brit* significa "pacto", e em entendimento mais ampliado, "paz", "constituição".[15]

O canadense adita que "federalismo" é assim um princípio ou valor, que permeia os sistemas políticos federativos e que diz respeito à necessidade das pessoas e das unidades políticas de se unirem para atingirem objetivos comuns e ainda assim se manterem separados para preservar suas respectivas integridades.

José Luis Fiori ressalta a "importância da integridade regional e da dimensão espacial no conceito de federalismo, compatibilizadas na forma de um pacto constitucional onde são simultaneamente definidos os espaços e os limites da soberania".[16]

Geraldo Ataliba defende "a indissociabilidade entre federalismo e república, considerando o primeiro um dos pressupostos da segunda".[17]

Regina Maria Macedo Nery Ferrari, embora reconhecendo que "o federalismo se assenta sobre duas ideias fundamentais — a autonomia das entidades federativas e a sua participação na formação da vontade dos órgãos federais e nas suas decisões — vê no modelo brasileiro arranjo peculiar". Afirma a autora:

> (...) a Federação brasileira, conforme determina a CF, os municípios são unidades territoriais, com autonomia política, administrativa e financeira, autonomia esta limitada pelos princípios contidos na própria Lei Magna do Estado Federal e naqueles das Constituições Estaduais.[18]

Ivan Beck Chagnazaroff identifica as três estratégias da CR/88 que colocam o Município como ator importante na eficácia das políticas de descentralização:

---

[15] ELAZAR, Daniel Judah. *Exploring federalism*.
[16] FIORI, José Luis. *O federalismo frente ao desafio da globalização*.
[17] ATALIBA, Geraldo. *República e Constituição*.
[18] FERRARI, Regina Maria Macedo Nery. *Elementos de direito municipal*.

1. As Câmaras de Vereadores passaram a elaborar as leis orgânicas municipais;
2. As Câmaras de Vereadores passaram a elaborar, através de lei específica, o orçamento municipal, determinando em que ações e programas serão realizadas as despesas;
3. Confirmação jurídica da iniciativa de legislação popular, através de mecanismos como o plebiscito, o referendo e a proferição de projetos de lei com apoio de 5% dos eleitores dos munícipes.[19]

Assim o constituinte brasileiro de 1988, ao resgatar a importância do poder local, entendeu o sentido coletivo de valorização da descentralização que se manifesta hodiernamente em inúmeros eventos, mundiais, os quais sinalizam a importância das cidades na ordem mundial.

Dessa forma, além de conhecer a situação orçamentária de três entes federados que atuam solidariamente na execução de uma mesma função, o magistrado, ao optar por uma sentença que determine movimentação no orçamento, apropria-se da função de executivo-legislativo e sozinho decide que vai subtrair recursos de uma área para alocá-lo em outra, pois investir recursos em determinado setor sempre implica deixar de investi-los em outros. É como leciona Gustavo Amaral: "Todos os direitos tem custos porque todos pressupõem o custeio de uma estrutura de fiscalização para implementá-los".[20]

Vertente importantíssima na avaliação e monitoramento dos gastos em saúde, notadamente no acompanhamento dos gastos públicos na função saúde, é a nova disciplina conceituada como economia da saúde. Tal tema é central em governos, planejadores de políticas públicas, organismos internacionais e entidades privadas que prestam serviços de saúde.

O recorte tem sido desenvolvido em dois aspectos fundamentais: a busca do atendimento planificado e universalista e a gestão mais eficaz e eficiente dos recursos disponíveis. A Organização Mundial da Saúde demonstra em seu relatório de 2006, em 193 países analisados, um dispêndio de US$3,6 trilhões em saúde.[21]

Deste total, 33% são providos pelos orçamentos públicos governamentais, 25% pelas contribuições sociais, 20% pelos seguros privados, 18% pelas despesas diretas das famílias e 4% por outras fontes.

---

[19] CKAGNAZAROFF, Ivan Beck. *A nova Constituição*: uma nova administração municipal?. Revista de Administração Pública, p. 104-107.
[20] AMARAL, Gustavo. *Direito, escassez e escolha*: em busca de critérios jurídicos para lidar com a escassez de recursos e as decisões judiciais, p. 71-73.
[21] CASTRO, Sebastião Helvecio Ramos de. *Sístoles e diástoles no financiamento da saúde em Minas Gerais*: o período pós-constituinte 1989, f. 89.

Analisando a situação mundial constata-se que existem países que não dispõem de planos nacionais de saúde, outros a financiam, principalmente, com recursos orçamentários e, um terceiro grupo, é financiado com recursos privados na sua essência.

Outro indicador da repercussão dos gastos com a saúde é medir a participação dos gastos em relação à riqueza de cada nação.

O Relatório da Organização Mundial da Saúde demonstra que existem países que gastam mais de 13% do PIB com a saúde (Estados Unidos: 13,9%) enquanto outros não atingem 3%. O Brasil situa-se na faixa intermediária com gastos em saúde em redor de 8,9% do PIB em 2006.[22]

Maria Alicia Dominguez Ugá e Isabela Soares Santos, em detalhado estudo, comprovam que o gasto nacional em saúde tem diferente composição, quando se decompõe o gasto total em participação do setor público, setor privado e desembolso direto das famílias. O financiamento da saúde no Reino Unido é essencialmente público (96,9%), enquanto no Brasil o financiamento público (48,7%) é responsável por menos da metade dos gastos em saúde.[23]

O Relatório da Economia Mundial, de 1993, preparado pelo Banco Mundial, permite verificar o incremento do gasto nacional com saúde em relação ao Produto Interno Bruto (PIB). A variação impressiona ao analista de gasto público.

A Alemanha, em quatro décadas, aumenta o gasto com saúde em 70,21% do seu PIB, pois em 1960 o referencial era de 4,7% e em 1990 atinge 8,0%; o Canadá experimenta incremento de 65,45%, partindo de 5,5% do PIB para 9,1%; os Estados Unidos, tradicionalmente o país que mais gasta com saúde, sai do patamar de 5,2% em 1960 para alcançar 12,7% do PIB em 1990, aumento de 244,23%.

O fenômeno se repete em países orientais (Japão eleva em 224,13% seus gastos com saúde, pois em 1960 representavam 2,9% do PIB e em 1990 significam 6,5%) e em países que adotaram o modelo welfariano[24] precocemente: Reino Unido eleva em 156,41%, partindo do patamar de 3,9% do PIB em 1960 para 6,1% em 1990; Suécia em 1960 gastava 4,7% do PIB com saúde e em 1990 passa a gastar 8,8%, aumento de 187,23%.

---

[22] CASTRO, Sebastião Helvecio Ramos de. *Sístoles e diástoles no financiamento da saúde em Minas Gerais*: o período pós-constituinte, 1989, f. 91.

[23] UGÁ, Maria Alicia Dominguez; SANTOS, Isabela Soares. *Análise da equidade do financiamento do sistema de saúde brasileiro*.

[24] Modelo welfariano: assistência integral e universal à saúde sem o pagamento específico de seguro ou contribuição para garantir o acesso.

Sérgio Francisco Piola e Luciana Mendes Servo, em instigante trabalho para a Organização Mundial da Saúde de análise da participação pública e privada no financiamento da saúde em países federativos e ou de cobertura universal, demonstram que há semelhança na composição do financiamento do gasto em saúde entre Brasil (cobertura universal) e Estados Unidos (modelo liberal de assistência à saúde): o gasto público dos Estados Unidos com a saúde é de 44,1% e no Brasil é de 48,7%, enquanto o gasto privado é de 55,9% e 51,3%, respectivamente.

Essa assimetria é altamente preocupante, pois sistemas de saúde amparados por legislação completamente diversa, não deveriam ter composição semelhante. Lado outro, federações tradicionais como Alemanha e Canadá mostram semelhança em suas composições: na Alemanha 77,5% do gasto com saúde é público e 22,5% é gasto privado, enquanto no Canadá 72% do gasto com saúde é público e 28% é privado. O Reino Unido, que não é federação, mas é o berço do *Welfare State* (Estado do Bem-Estar Social), há 96,9% do gasto com saúde financiado pelo poder público e apenas 3,1% pelo gasto privado.[25]

No Brasil constata-se a existência de dois subsistemas (público e privado), simultâneos, que mantêm interfaces, cujas partes até se comunicam no financiamento (a renúncia fiscal do montante gasto com os planos e seguros de saúde os subsídios aos planos de empresas diminuem os recursos disponibilizados a favor do SUS).

Maria Alicia Dominguez Ugá e Isabela Soares Santos, ao estratificarem a composição do gasto privado direto em saúde por decil de renda para o Brasil no ano de 2002, a partir da Pesquisa de Orçamentos Familiares/Instituto Brasileiro de Geografia e Estatística (POF/IBGE) 2002/2003, constatam que nos nove primeiros decis a despesa com medicamentos é maior que a soma de todos os outros gastos, sendo que apenas no decil 10 da renda tal fato não ocorre; mas ainda assim, equivale a 42% do gasto. É evidente que tal constatação não pode ser desconhecida pelas autoridades envolvidas na dispensação de fármacos e mais do que nunca justifica um detalhado acompanhamento dos gastos com medicamentos, especialmente na esfera pública, buscando otimizar a despesa pública, dando-lhe eficácia, eficiência e efetividade com programação coletiva e planificada.

É imperativo alertar para a presença do "estado invisível" e a sua permissividade sobre o financiamento da saúde pública, em razão da renúncia fiscal e do segmento da assistência médica suplementar,

---

[25] PIOLA, Sérgio Francisco; SERVO, Luciana Mendes. *Contas em saúde*: um instrumento de apoio à gestão do SUS.

colocando-se de modo oposto ao movimento da universalização da cobertura e de redistribuição da oferta de serviços no território. A magnitude do problema é revelada por inteiro quando se analisa dados da Secretaria da Receita Federal do Ministério da Fazenda: no ano-base 1996, constatou-se que 34,7 mil empresas efetuaram deduções sobre o lucro real relativas a despesas com saúde, com renúncia fiscal de 800 milhões. No mesmo ano base, na área de pessoas físicas, 2 milhões e 662 mil contribuintes apresentaram despesas médicas de R$7,4 bilhões, implicando renúncia fiscal de R$726 milhões. Tais números mostram que o "estado invisível" é poderoso extrator de recursos para o financiamento público da saúde! O financiamento público com objetivos privados é carregado de iniquidade, pois a facilidade final é desfrutada por famílias de mais alta renda em suas declarações anuais de ajuste de rendimentos e por empresas com elevado faturamento, em território que concentra parcela importante do PIB nacional.

Os gastos dos cidadãos mineiros com plano de saúde, conforme dados do Atlas 2010, da Agência Nacional de Saúde Suplementar, permitem inferir que naquele ano estavam em atividade 684 operadoras, com cerca de 4,933 milhões de beneficiários, correspondente a 25,17% da população do Estado de Minas Gerais, com uma contraprestação média de R$91,50 (representando 2,96% a menos do valor apurado em 2008 que foi de R$94,29), incluindo-se no cálculo todos os tipos de planos de saúde na área médico-hospitalar, como autogestão, medicina de grupo, cooperativas médicas, filantrópicas, seguradores especializadas em saúde e administradoras de benefícios.

O encarecimento do financiamento do gasto com a saúde é universal e preocupante, fundamentando-se em motivações tão díspares como:

a) extensão territorial da cobertura: a clientela aumenta de forma gradativa com a acessibilidade e eventuais momentos de crise econômica;

b) extensão vertical da cobertura: resulta da complexificação e da crescente oferta de serviços médico-sanitários, incluindo-se assistência odontológica, psicanálise, terapias de alto custo como diálise renal, transplantes, quimioterapias;[26]

---

[26] Aaron Widavsky, da Universidade de Berkeley, assevera: "o incrementalismo dos orçamentos públicos para a área de saúde é de tal monta, que os gastos em saúde vão aumentar até atingir o nível dos recursos disponíveis". Uma visão pragmática da Lei de Widavsky é que a sociedade, frente ao risco do esgotamento dos recursos, possa elaborar estratégias para a contenção dos gastos em saúde, já que "as necessidades" em saúde podem ser potencialmente infinitas.

c) transformação na estrutura das morbimortalidades da clientela: detecta-se que a representatividade do gasto com a saúde desloca-se do eixo de doenças infectocontagiosas para as crônico-degenerativas com custo *per capita* significativamente maior face intensidade e prolongamento da enfermidade;
d) tecnologia médica: é evidente que a melhoria do diagnóstico com a incorporação de novas técnicas laboratoriais e procedimentos de imagens e a qualidade do tratamento com a oferta de fármacos de "última geração" pela poderosa indústria farmacêutica determinam maiores gastos em saúde. É uma exceção aos princípios econômicos aplicados em outras áreas do conhecimento, pois há uma exclusividade: os serviços de saúde ao incorporarem mais capital (equipamentos) necessitam de mais custeio (mais e melhores recursos humanos para operarem os equipamentos e mais demanda pelos serviços e pelos fármacos disponibilizados por uma poderosa indústria farmacêutica).

Milton Roemer, da Universidade da Califórnia, documentou com maestria a presença de um novo serviço de saúde disponibilizado à sociedade: "Um novo serviço de saúde tem a capacidade de gerar sua própria demanda, mesmo em mercados saturados". É a prática, na saúde, da constatação do economista francês do séc. XVIII, Jean Baptiste Say:[27] "a oferta cria a sua própria demanda". Não se deseja ser apocalíptico, mas ressalta-se a constatação de que a Lei de Say foi um dos pilares da economia ortodoxa até a crise de 1929 e a Grande Depressão.[28]

e) melhoria da renda familiar e consequentemente maior aporte de recursos adicionais para a saúde. Comparando-se com o imaginário coletivo: alguns anos atrás o objeto do desejo era ter um celular, agora é se afiliar a um plano de saúde.

Essa fundamentação é necessária para demonstrar que o orçamento público sempre será insuficiente para o atendimento de todas as demandas sociais e, no caso específico do financiamento público da saúde, as modernidades conduzem a uma elevação do patamar de alocação para que não haja inanição das demais políticas públicas.

---

[27] Jean Baptiste Say, economista francês, nascido em Lyon em 1767, em seu *Traité d'Economie Politique* (2 volumes, 1803) estabelece a chamada "Lei dos Mercados", ou seja, um produto tão logo seja criado, gera mercado para os outros produtos em toda a grandeza de seu próprio valor.

[28] ROEMER, Milton I. *National health systems of the world*.

É interessante, nesse momento, auscultar autores para melhor compreensão do sítio adequado para a elaboração das políticas públicas de saúde.

Marcos Maselli Gouvêa retrata a desorganização da Administração Pública quando programas de atendimentos integral, no âmbito dos quais, além de medicamentos, os pacientes recebem atendimento médico, social e psicológico. Quando há uma decisão judicial determinando a entrega imediata de medicamentos, frequentemente o Governo retira o fármaco do programa, desatendendo a um paciente que o recebia para entregá-lo ao litigante individual que obteve a decisão favorável. *In verbis*, assim manifesta o autor:

> Em tese, seria possível aventar uma infinidade de medidas que contribuiriam para a melhoria das condições de saúde da população, decorrendo daí a necessidade de se precisar que meios de valorização da saúde poderiam ser postulados judicialmente. Um grupo de cidadãos poderia advogar que a ação do Estado, na área de saúde, fosse máxima, fornecendo tudo o quanto, ainda remotamente, pudesse satisfazer tal interesse; outros poderiam enfatizar o cuidado com práticas preventivas, concordando com o fornecimento, pelo Estado, de vacinas de última geração, de eficácia ainda não comprovada; um terceiro grupo poderia pretender que o estado tivesse impulso a uma política de saúde calcada na medicina alternativa, ou ao subsídio aos planos privados de saúde. Existe, enfim, um leque infinito de estratégias possíveis, o que aparentemente tornaria inviável sindicarem-se prestações positivas, nesta seara, sem que o constituinte ou o legislador elegessem uma delas.[29]

Arthur Bragança de Vasconcelos Weintraub, ao analisar a efetividade de política de saneamento como fator de promoção de saúde, valoriza os gastos com prevenção e os comandos constitucionais que balizam as diretrizes do gasto público:

> O atendimento integral é fruto da universalidade objetiva, sendo que a prioridade para as atividades preventivas, sem prejuízo dos serviços assistenciais, é oriunda da razoabilidade. Como diria São Jerônimo, *sancta simplicitas*: é melhor prevenir que remediar. E remediar faz mais sentido quando se trata de saúde. Previnam-se as doenças, mantendo-se o atendimento para os já enfermos. Tal prevenção envolve um conceito amplo de saúde, associado com o equilíbrio físico, o psicológico e

---

[29] GOUVÊA, Marcos Maselli. O direito ao fornecimento estatal de medicamentos. *Revista Forense*, p. 37-108.

o social. (...) Estas diretrizes [as do art. 200 da CF/88] confirmam o alcance de um conceito amplo de saúde, associado com o equilíbrio físico, o psicológico e o social o meio ambiente do trabalho e a saúde do trabalhador, *v.g.*, são interesses difusos, pois causam impacto social. A vigilância sanitária e epidemiológica também é prioridade. Temos visto recentemente o governo investir mais em referendos do que no controle da febre aftosa ou da gripe aviária. São questões intrínsecas à saúde, que deveriam ser essência da atuação estatal.[30]

Outra vertente é a sedutora análise da efetividade da política pública, incluindo-se aí a saúde. Trata-se do raciocínio dicotômico entre microjustiça e macrojustiça a partir do ambiente decisório na escolha do destinatário prioritário da despesa pública.

Ana Paula de Barcellos, ao entender que juiz é um ator social que observa apenas os casos concretos e, sob demanda na denominada microjustiça, não tem o horizonte descortinado pela Administração Pública, que lida com as demandas ilimitadas. Interessante visitar a sua dicção:

> Ainda que superadas as críticas anteriores, o fato é que nem o jurista, e muito menos o juiz, dispõem de elementos ou condições de avaliar, sobretudo em demandas individuais, a realidade da ação estatal como um todo. Preocupado com a solução dos casos concretos — o que se poderia denominar de micro-justiça —, o juiz fatalmente ignora outras necessidades relevantes e a imposição inexorável de gerenciar recursos limitados para o atendimento de demandas ilimitadas: a macro-justiça. Ou seja: ainda que fosse legítimo o controle jurisdicional das políticas públicas, o jurista não disporia do instrumental técnico ou de informação para levá-lo a cabo sem desencadear amplas distorções no sistema de políticas públicas globalmente considerado.[31]

A impossibilidade de atuação do juiz como legislador positivo é um dos argumentos que fundamentam as decisões de tribunais superiores brasileiros para minimizarem o efeito da judicialização dos direitos sociais, notadamente da saúde.

Importante trazer ao conteúdo a lição do eminente Ministro do Supremo Tribunal Federal (STF), Celso de Mello, ao sentenciar a

---

[30] WEINTRAUB, Arthur Bragança de Vasconcelos. Direito à saúde no Brasil e princípios da seguridade social. *Revista de Direito Social*, p. 20-58.

[31] BARCELLOS, Ana Paula de. *Constitucionalização das políticas públicas em matéria de direitos fundamentais*: o controle político-social e o controle jurídico no espaço democrático. Revista de direito do Estado, p.3-32, 2006.

Ação Direta de Inconstitucionalidade (ADI) nº 2075 – Medida Cautelar (MC), que coloca luz ao determinar a "reserva de lei" já que a Constituição prescreve que o regime jurídico de determinada matéria deva ser regulado por lei e apenas por lei, com exclusão de outras fontes normativas. *In verbis*:

> O princípio constitucional da reserva de lei formal traduz limitação ao exercício das atividades administrativas e jurisdicionais do Estado. A reserva de lei analisada sob tal perspectiva constitui postulado revestido de função excludente, de caráter negativo, pois veda, nas matérias a ela sujeitas, quaisquer intervenções normativas, a título primário, de órgãos estatais não-legislativos. Essa cláusula constitucional, por sua vez, projeta-se em uma dimensão positiva, eis que a sua incidência reforça o princípio, que, fundado na autoridade da Constituição, impõe, à administração e à jurisdição, a necessária submissão aos comandos estatais emanados, exclusivamente, do legislador. Não cabe, ao Poder Executivo, em tema regido pelo postulado da reserva de lei, atuar na anômala (e inconstitucional) condição de legislador, para, em assim agindo, proceder à imposição de seus próprios critérios, afastando, desse modo, os fatores que, no âmbito de nosso sistema constitucional, só podem ser legitimamente definidos pelo Parlamento. É que, se tal fosse possível, o Poder Executivo passaria a desempenhar atribuição que lhe é institucionalmente estranha (a de legislador), usurpando, desse modo, no contexto de um sistema de poderes essencialmente limitados, competência que não lhe pertence, com evidente transgressão ao princípio constitucional da separação de poderes.

O Ministro Celso de Mello, ao manifestar sobre a Petição nº 1246 de Santa Catarina e Agravo de Instrumento (REAgr) nº 393175, esclarece que a limitação orçamentária não pode ser óbice a impedir a concretização do direito fundamental à saúde pelo Poder Judiciário que abre a vereda do entendimento sobre a limitação orçamentária e o respeito indeclinável à vida e à saúde humana. Eis a sua decisão:

> Entre proteger a inviolabilidade do direito à vida e à saúde, que se qualifica como direito subjetivo inalienável assegurado a todos pela própria Constituição da República (art. 5º, *caput* e art. 196), ou fazer prevalecer, contra essa prerrogativa fundamental, um interesse financeiro e secundário do Estado, (...) impõem ao julgador uma só e possível opção: aquela que privilegia o respeito indeclinável à vida e à saúde humana.

Hora, portanto, de confrontar dois princípios basilares: em uma margem, o contingente que afirma ser dever do Estado garantir aos indivíduos um núcleo mínimo de direitos, sem os quais não há de se falar em vida digna, sintetizando o princípio da mínima existência, ou seja, compreender o conceito da dignidade humana; em outra margem, o princípio da reserva do possível, apoiando-se no fato de que a atuação do Estado é limitada diante da indisponibilidade de recursos financeiros para custear todos os direitos sociais de toda a população.

As águas que permeiam tais margens, ora em quedas, ora em correntezas, mas, jamais no remanso, apontam para um estuário certo: a ponderação.

O eminente Ministro Gilmar Mendes, ao manifestar em sede de Suspensão de Tutela, em momentos diversos, tem apontado um caminho de equilíbrio. Assim o ilustre Ministro declarou na Suspensão de Tutela Antecipada (STA) nº 175, Ceará (CE), em 17 de maio de 2010:

> A dependência de recursos econômicos para a efetivação dos direitos de caráter social leva parte da doutrina a defender que as normas que consagram tais direitos assumem a feição de normas programáticas, dependentes, portanto, da formulação de políticas públicas para se tornarem exigíveis. Nesse sentido, também se defende que a intervenção do Poder Judiciário, ante a omissão estatal quanto à construção satisfatória dessas políticas, violaria o princípio da separação dos Poderes e o princípio da reserva do financeiramente possível.

Ao se pronunciar na STA nº 238/TO, assim o Ministro Gilmar Mendes lecionou:

> (...) ante a impreterível necessidade de ponderações, são as circunstâncias específicas de cada caso que serão decisivas para a solução da controvérsia. Há que se partir, de toda forma, do texto constitucional e de como ele consagra o direito fundamental à saúde.

Conclui-se, portanto, esta análise, inferindo-se que a ponderação de interesses, feita nas particularidades de cada caso e cada demanda, é a forma recomendada de se aferir a real imprescindibilidade da concessão da tutela do Judiciário.

O princípio da reserva do possível não é algo limitador da integridade do paciente, mas sim uma oportunidade de se otimizar a despesa pública e a judicialização da saúde não pode ser banalizada ou servir de fonte de renda de escritórios de advocacia e laboratórios farmacêuticos, facilitadora de desorganização da Administração Pública.

Uma vereda de grande possibilidade, aberta com o espírito da ponderação e amparada no princípio da dignidade humana, é a possibilidade concreta da Defensoria Pública atuar na "pré-judicialização", ambiente em que o demandante é alcançado antes do apelo ao judiciário, em atendimento rápido, embasado por especialistas em saúde das Secretarias Estaduais e Municipais, como experiências em Belo Horizonte e Estado do Rio Grande do Norte.

3 O orçamento do Estado de Minas Gerais e o impacto desalocativo face as decisões judiciais

Em tese de doutorado apresentada como requisito parcial para a obtenção do grau de Doutor em Saúde Coletiva ao Instituto de Medicina Social da Universidade do Estado do Rio de Janeiro, relatou-se a série histórica de 1989 a 2005 dos gastos em saúde da União, do Estado de Minas Gerais e do conjunto de 853 Municípios mineiros.[32]

No presente trabalho o objeto será identificar o dispêndio em ações de saúde decorrentes de ações judiciais no biênio 2009-2010.

A discussão do tema será aberta invocando-se o testemunho do economista Carlos Matus, pioneiro na utilização do Planejamento Estratégico Situacional, no sentido de se identificar o "que é governar". O autor entende que a arte de governar implica articular três variáveis: (a) projeto de Governo (conteúdo programático, com as políticas públicas, programas e projetos que o detentor do mandato se propõe a implementar ao longo do seu mandato); (b) governabilidade: variáveis controladas ou não pelo governo em cada situação; (c) capacidade de Governo (hoje reconhecida como governança, representa o acervo de técnicas, métodos, habilidades e disponibilidades de recursos para que o governo efetivamente possa implementar o que foi planejado).[33]

A ideia de planejamento, hoje consensual, ganhou dimensão cosmopolita a partir dos trabalhos pioneiros da GOELRO e GOSPLAN na extinta União das Repúblicas Socialistas Soviéticas no final da década de vinte. No Brasil, certamente é o período decorrente da revolução de trinta e a chegada de Getúlio Vargas ao poder que permite o ideário do planejamento tupiniquim com as teses desenvolvimentistas e a adoção dos princípios da administração burocrática weberiana (criação de Departamento Administrativo do Serviço Público (DASP) em 1938 e o Decreto-Lei nº 1058/1939 que institui o Plano Especial de Obras Públicas

---

[32] CASTRO, Sebastião Helvecio Ramos de. *Sístoles e diástoles no financiamento da saúde em Minas Gerais*: o período pós-constituinte 1989.
[33] MATUS, Carlos. *Adeus, senhor presidente*: planejamento, antiplanejamento e governo.

e Aparelhamento da Defesa Nacional (1939-1943)), cuja filha dileta é a indústria siderúrgica brasileira.

Não há espaço nesse trabalho para discorrer sobre as várias etapas do planejamento na formação do Brasil, mas é absolutamente fundamental compreender que o constituinte originário de 1988 o adotou por inteiro.

O ciclo orçamentário atual é fundamentado no art. 165 da CR/1988, que em seu parágrafo primeiro determina a necessidade do Plano Plurianual (PPA) — inspiração da Constituição germânica — que "estabelecerá, de forma regionalizada, as diretrizes, objetivos e metas da administração pública federal para as despesas de capital e outras delas decorrentes e para as relativas aos programas de duração continuada".

O §2º do citado artigo delineia a Lei de Diretrizes Orçamentárias (LDO) que

> compreenderá as metas e prioridades da administração pública federal, incluindo as despesas de capital para o exercício financeiro subsequente, orientará a elaboração da lei orçamentária anual, disporá sobre as alterações na legislação tributária e estabelecerá a política de aplicação das agências financeiras oficiais de fomento.

Na prática, o procedimento orçamentário brasileiro vem sendo aperfeiçoado de forma gradativa ao longo dos anos, principalmente por intermédio das LDOs, que têm sido o instrumento legal para alterar a Lei nº 4.320/64 e também portarias e decretos da Secretaria do Orçamento Federal.

A Lei Orçamentária Anual, em cumprimento ao art. 5º da Lei Complementar nº 101, de 4/5/2000 — Lei de Responsabilidade Fiscal (LRF) — deverá ser compatível com o PPA e LDO.

Pode-se então inferir que o orçamento é um documento, que para o período de um ano determina a quantidade de moeda que deva entrar e sair do cofre público, com a especificação das fontes de financiamento e categorias de despesas. Proposta pelo Poder Executivo, apreciada pelo Poder Legislativo na forma definida pela Constituição.

O orçamento tem como funções a alocação de recursos para prover a oferta de bens e serviços, a intervenção na economia com o objetivo de tornar a sociedade menos desigual (função distributiva) e a promoção do equilíbrio de preços, manutenção de empregos e estabilidade da sociedade (função estabilizadora).

No caso de Minas Gerais, a Constituição Compromisso de 1989 insculpiu ainda, como peça do planejamento, o PMDI. A Receita Fiscal arrecadada pelo Estado de Minas Gerais em 2010 foi de R$46,618 bilhões, 9,04% acima da previsão da Lei Orçamentária Anual; no ano de 2009 foi de R$40,562 bilhões.

A Receita Tributária arrecadada pelo Estado de Minas Gerais em 2010 foi de R$31,745 bilhões, contra R$26,800 bilhões em 2009.

A arrecadação do Imposto sobre a Circulação de Mercadorias e Prestação de Serviços (ICMS) em Minas Gerais em 2010 foi de R$20,85 bilhões, contra R$17,006 bilhões em 2009, consolidando na segunda posição do ranking nacional (crescimento de 16%).

A Lei Complementar nº 101, de 4 de maio de 2000, em seu art. 2º, estabelece que a Receita Corrente Líquida (RCL) é calculada a partir do somatório das receitas tributárias, de contribuições, patrimoniais, agropecuárias, industriais, de serviços, transferências correntes e outras receitas correntes, arrecadadas no mês em referência e nos onze anteriores, consideradas algumas deduções e excluídas as duplicidades, ou seja, transferências constitucionais devidas aos Municípios, a contribuição dos servidores para o custeio do seu sistema de previdência e assistência social, as receitas provenientes da compensação financeira entre regimes de previdência citada no art. 201 (§9º) da CR/88 – Constituição Cidadã, e as receitas para a formação do Fundo de Desenvolvimento e Manutenção do Ensino Básico e Valorização dos Profissionais da Educação (FUNDEB).

O valor da RCL de Minas Gerais, relativo ao período de janeiro a dezembro de 2010, é de R$33,179 bilhões, enquanto o valor de 2009 foi de R$29,118 bilhões, com crescimento nominal de 13,95% e variação real de +7,92%.

Na análise da despesa por funções e participação na despesa total em 2010, o maior volume de despesa é Encargos do Estado (R$11,895 bilhões, ou seja 25,83%), seguido de Segurança Pública (R$6,741 bilhões, ou seja 14,64%), Previdência Social (R$5,640 bilhões, ou seja 12,25%), Educação (R$5,334 bilhões, ou seja 11,58%) e Saúde (R$4,561 bilhões ou seja 9,90%), conforme FIG. 1.

Tais números confirmam que apenas essas funções consomem 74,21% da despesa do Estado.

No ano de 2009 o quadro é similar: Encargos Especiais (R$10,334 bilhões, ou seja 25,67%), Segurança Pública (R$ 5,619 bilhões, ou seja 13,96%), Previdência Social (R$4,705 bilhões, ou seja 11,69%), Educação (R$4,746 bilhões, ou seja 11,70%), Saúde (R$3,977 bilhões ou seja 9,88%), totalizando 72,99% da despesa do Estado, como demonstrado na FIG. 1.

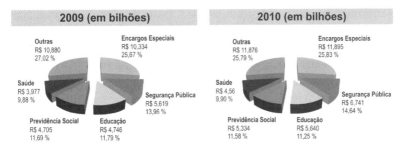

FIGURA 1– Gráfico Despesa por Função no Estado de Minas Gerais – 2009-2010
Fonte: Armazém de Informações – Siafi

No presente estudo pretende-se verificar os gastos em saúde e, especialmente, a despesa decorrente de determinação judicial. Minas Gerais mostra o planejamento governamental submetido à seguinte fundamentação básica:

a) CR/88 – Constituição Cidadã; CM/89 – Constituição Compromisso: arts. 165 e 153, respectivamente, estabelecem o plano plurianual, as diretrizes orçamentárias e os orçamentos anuais;
b) CM/89, art. 231: prevê o Plano Mineiro de Desenvolvimento Integrado;
c) CR/88: art. 165, §§1º, 4º, 7º, CM/89: art. 154, parágrafo único e art. 157, §§1º e 2º, que dispõem sobre a regionalização das políticas públicas e a compatibilidade entre os instrumentos de planejamento, medida de eficácia do planejamento e da observância ao princípio da continuidade administrativa;
d) Lei Complementar nº 101/2000, a denominada LRF, dispõe que a responsabilidade na gestão fiscal seja amparada em ação planejada e transparente (§1º do art. 1º);
e) CR/88, art. 74 e Portaria nº 42 de 14/4/99, do então Ministério do Orçamento e Gestão que instituciona o planejamento estratégico do setor público brasileiro.

O Plano Mineiro de Desenvolvimento Integrado (PMDI), plano inédito no país, teve origem no trabalho da IV Constituinte Mineira e visa promover o desenvolvimento socioeconômico integrado do Estado. Representa um avanço nos mecanismos de planejamento, contribuindo para que o modelo mineiro seja referência no Brasil.

Instituído pela Lei nº 15.032, de 20.1.2004, o PMDI foi atualizado pela Lei nº 17.007, de 28.9.2007, introduzindo um modelo de gestão por resultados no Estado, devendo balizar os demais instrumentos de planejamento e execução orçamentária. Consta de 11 áreas de resultados e 2 pilares do sistema. No presente estudo verifica-se que a área "Vida Saudável", destinatária de R$3,648 bilhões (6,51%), do total de R$56 bilhões previstos no Orçamento Fiscal (R$46,1 bilhões) e Orçamentos de Investimento das empresas estatais (R$9,9 bilhões).

No exercício de 2009, a área de resultados "Vida Saudável" teve execução orçamentária de R$3,091 bilhões em 2008 e R$2,640 bilhões, ou seja, acréscimo de 18,02% de 2010 em relação a 2009.

O atual Plano Plurianual de Ação Governamental (PPAG) decorre da Lei nº 17.347, de 16.1.2008, para o período de 2008 a 2011. O PPAG para 2010 foi revisado mediante a Lei nº 18.694 de 4.1.2010, oportunidade em que foram incluídos 12 programas ao Plano, sendo um estruturador, de número 7 — Copa do Mundo 2014 — cujo objetivo é organizar com excelência os eventos da *Fedération Internationale de Football Association* (FIFA) e excluídos 15, entre eles o estruturador relativo à ampliação da profissionalização de gastos públicos, em razão da sua conclusão em 2009.

Tem-se, portanto, em Minas Gerais no momento 251 programas vigentes, dos quais 57 são estruturadores, 136 associados e 58 especiais. Uma digressão nos exercícios anteriores não revela significância no quantitativo dos programas, pois eram 258 em 2008 (1º ano do plano) e 253 em 2009.

Hora de revisitar Carlos Matus, em sua análise do planejamento com a antológica observação: "o plano só se completa na ação, nunca antes".[34]

Importa destacar que em Minas Gerais os processos de elaboração e revisão do PPAG contam com a participação popular (seis audiências no estudo do projeto de lei da revisão para 2010 com a proposição de 99 emendas ao PPAG e 80 ao orçamento, com impacto financeiro de R$14,17 milhões) e extensa apresentação de emendas parlamentares.

Na área de resultados "Vida Saudável", em 2010, estão inseridos cinco Programas Estruturadores e dezessete Associados conforme demonstrado no anexo XIX; a despesa fixada em R$3.697.761.157,00, apresentou realizações de R$ 3.648.196.585,49 (98,66%).

Os programas estruturadores considerados no PPAG para a área "Vida Saudável", constam da TAB. 1:

---

[34] MATUS, Carlos. *O plano como aposta*, p. 28-42.

TABELA 1
Programas estruturadores Área Vida Saudável – 2010

Programa Estruturador	Despesa Realizada	%
Regionalização: Urgência e Emergência	R$ 1.238.574.613,00	50,57%
Saneamento Básico: Mais Saúde para todos	R$ 846.050.501,00	34,55%
Saúde em Casa	R$ 219.310.000,00	8,95%
Vida no Vale	R$ 80.121.413,00	3,27%
Viva Vida	R$ 65.010.000,00	2,66%

Fonte: Armazém de Informações – Siafi e PPAG2008/2011

Verificam-se os programas associados de destaque na TAB. 2:

TABELA 2
Programas Associados de Destaque na Área Vida Saudável – 2010

Programa Associado	Despesa Realizada	%
Farmácia de Minas	R$ 396.086.082,23	30,38%
Atenção Assistencial à Saúde	R$ 277.939.206,24	21,32%
Desenvolvimento, Produção e Entrega de Medicamentos e Imunobiológicos	R$ 169.085.516,75	12,97%
Atendimentos Hospitalar, Ambulatorial e Emergencial	R$ 125.589.024,33	9,63%
Gestão do Sistema Único de Saúde	R$ 100.966.425,46	7,75%
Outros	R$ 234.013.296,36	17,95%
Total	R$ 1.303.679.551,37	100,00%

Fonte: Relatório Anual das Contas do Governador – Exercício 2010 – TCEMG

Avançando ainda mais o nível de detalhamento dos gastos em saúde, especialmente com medicamentos, veja-se o programa associado "Farmácia de Minas", definido no PPAG com o objetivo de definir um modelo de assistência farmacêutica no SUS, ampliando o acesso a medicamentos, humanizando o atendimento, promovendo a efetividade terapêutica e o uso racional dos fármacos.

Os objetivos estratégicos da "Farmácia de Minas" são universalizar a atenção primária e reduzir disparidades regionais no atendimento à saúde, como também aumentar a eficiência alocativa e a otimização do sistema de atenção à saúde.

Infere-se que o programa tem sintonia fina com as diretrizes constitucionais, conforme a análise seguinte:

a) em 2010, a programação financeira foi de R$514.363.806,00 e a execução orçamentária totalizou R$396.086.082,23 em três ações:

TABELA 3
Despesas nas Ações do Programa Farmácia de Minas – 2010

Ação	Código/Descrição	Execução Orçamentária
4197	Implantação e Manutenção da Farmácia de Minas. Incentivo e atenção farmacêutica	R$ 36.056.096,12
4299	Medicamentos básicos	R$ 128.576.397,22
4302	Medicamentos de alto custo	R$ 231.453.588,89
	Total	**R$ 396.086.082,23**

Fonte: Armazém de Informações – Siafi

O quantitativo de fármacos de alto custo distribuídos foi de 84.312.084 unidades (programado: 55.155.845), atendendo 135.694 pessoas, com um custo *per capita* de R$1.705,70/ano. Na ação 4299 (medicamentos básicos), encontra-se um custo de R$0,62/medicamento.

b) em 2009 o valor aportado foi de R$426.409.568,32, sendo financiado com R$186.077.292,67 da fonte 10 (Recursos Próprios) e R$ 240.332.275,65 da fonte 37 (Transferências da União Vinculadas à Saúde).

Analisando-se o impacto desalocativo na área da saúde, face a decisões judiciais, tem-se o seguinte resultado:

a) em 2009, na atividade 7018 – Sentenças Judiciais, com medicamentos contata-se uma despesa realizada de R$30.153.799,62 (87,51%), além de R$3.656.223,24 gastos com material médico e hospitalar (10,61%), R$ 360.535,17 (1,04%) com serviços médicos, odontológicos e laboratoriais, e ainda, R$ 284.437,78 com demais despesas (0,83%), totalizando R$34.454.995,81 (0,87% dos gastos com saúde), suplantando gastos com desenvolvimento, produção e entrega de imunobiológicos (R$33,197 milhões), implantação e manutenção da Farmácia de Minas (R$19,349 milhões), em 23º no ranking das atividades mais dispendiosas para a função saúde;

b) em 2010, com medicamentos (básicos e de alto custo) tem-se uma despesa orçamentária realizada de R$360.029.986,11, enquanto a atividade 7024, que agrupa as despesas em saúde decorrentes de sentença judicial, indica com medicamentos uma despesa de R$55.052.215,84 (89,44%), R$3.194.334,27 com material de distribuição gratuita (5,18%), R$2.422.899,71 com material médico-hospitalar (3,93%), além de R$881.838,72 com outros gastos, totalizando R$ 61.551.288,54 (1,35% da despesa) e 16ª atividade mais dispendiosa da saúde, suplantando Farmácia de Minas, Promoção e Execução de Ações de Saúde, Ampliação da Cobertura populacional do PSF etc.

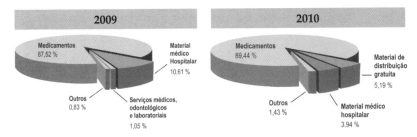

FIGURA 2 – Gráfico Gastos da Função Saúde com Sentenças Judiciais por Item de Despesa 2009-2010
Fonte: Armazém de Informações – Siafi

O gasto em saúde, no âmbito da execução orçamentária do Estado de Minas Gerais, no exercício de 2010, decorrente de sentenças judiciais, experimenta um aumento de 78,64%, causando impacto desalocativo no orçamento da saúde em Minas Gerais, conforme se verifica na comparação da execução orçamentária da função saúde, quando se analisa o biênio 2009-2010, os principais projetos e atividades da área, conforme tabela a seguir:

TABELA 4
Execução Orçamentária da Função Saúde segundo Projeto Atividade – Biênio 2009-2010

#	Projeto Atividade – Descrição	2009 Desp. Realizada	AV%	2010 Desp. Realizada	AV%	Variação % 2010/200
1	4067 Assistência Hospitalar e Ambulatorial / Programação Pactuada Integrada	879.908.157,64	21,38	990.354.399,05	21,71	12,55
2	2417 Remuneração de Pessoal Ativo e encargos Sociais	666.836.463,33	16,20	762.451.061,35	16,72	14,34
3	4370 Assistência à Saúde Descentralizada no Interior	196.356.221,83	4,77	259.335.304,20	5,69	32,07
4	4302 Medicamentos de Alto Custo	-	-	231.453.588,89	5,07	0,00
5	4388 Fortalecimento da Rede Municipal de Saúde	169.855.407,55	4,13	209.181.550,99	4,59	23,15
6	4392 Assistência Médico-Hospitalar aos Segurados Militares e a seus Dependentes	192.339.965,43	4,67	205.564.738,46	4,51	6,88
7	4420 Produção de Medicamentos e Imunobiológicos	-	-	169.085.516,75	3,71	0,00
8	2002 Planejamento, Gestão e Finanças	112.390.072,99	2,73	130.825.828,46	2,87	16,40
9	4299 Medicamentos Básicos	123.732.823,81	3,01	128.576.397,22	2,82	3,91
10	4638 Rede de Urgência e Emergência	50.912.293,55	1,24	121.480.451,69	2,66	138,61
11	2008 Remuneração de Pessoal sob Regime de Contrato Administrativo	122.900.031,15	2,99	116.232.813,10	2,55	-5,42
12	4371 Assistência à Saúde Descentralizada na Capital	91.630.865,56	2,23	114.309.828,95	2,51	24,75
13	1079 Implantação e Operação dos Sistemas de Água e esgoto	-	-	100.121.413,00	2,19	0,00
14	4308 Fortalecimento e Melhoria da Qualidade dos Hospitais do Sistema Único de Saúde - Pro-Hosp	123.371.142,89	3,00	96.997.992,50	2,13	-21,38
15	4364 Assistência à Saúde no Hospital Governador Israel Pinheiro	68.348.864,64	1,66	67.753.054,88	1,49	-0,87
16	7024 Sentenças Judiciais	34.454.995,81	0,84	61.551.288,54	1,35	78,64
17	4391 Promoção e execução de Ações de Saúde	67.099.659,12	1,63	61.412.541,82	1,35	-8,48
18	4387 Vigilância epidemiológica e Ambiental	38.129.499,61	0,93	56.864.292,92	1,25	49,13
19	1116 Ampliação da Cobertura Populacional do PSF	55.620.276,00	1,35	51.669.039,40	1,13	-7,10
20	1127 Financiamento de Reforma, Construção e equipamento das Unidades Básicas de Saúde do PSF	39.575.000,00	0,96	51.127.500,00	1,12	29,19
21	4372 Desenvolvimento do Programa de Sangue e Hemoderivados	47.313.309,76	1,15	47.869.868,96	1,05	1,18
22	4202 Implementação e Manutenção da Rede Viva Vida	32.646.666,77	0,79	45.001.970,18	0,99	37,85
23	4003 Complexo de Urgência e emergência	47.217.573,70	1,15	42.240.450,49	0,93	-10,54
24	4197 Implantação e Manutenção da Farmácia de Minas - Incentivo a Atenção Farmacêutica	19.349.549,82	0,47	36.056.096,12	0,79	86,34
25	4006 Complexo de Hospitais Gerais	37.228.292,15	0,90	33.361.370,10	0,73	-10,39
26	4395 Assistência Odontológica aos Segurados Militares e seus Dependentes	25.448.148,19	0,62	25.557.616,78	0,56	0,43
27	4078 Manutenção do Hospital Escola Clemente de Faria	21.815.395,72	0,53	24.281.558,89	0,53	11,30
28	2094 Desenvolvimento de Tecnologia da Informação - Gestão do Sistema Único de Saúde	12.242.475,25	0,30	23.987.316,39	0,53	95,94
29	4004 Complexo de Especialidades	25.380.127,43	0,62	21.352.123,50	0,47	-15,87
30	4539 Assistência Complementar	18.736.815,79	0,46	20.239.161,49	0,44	8,02
	Outros	795.216.549,91	19,32	255.057.993,13	5,59	-67,93
	Total	**R$ 4.116.056.645,40**	**100,00**	**4.561.354.128,20**	**100,00**	**10,82**

Fonte: Armazém de Informações – Siafi

Verifica-se, portanto, que entre as 30 atividades estudadas para o orçamento de 2010 na função saúde (as que tiveram execução orçamentária acima de 20 milhões) apenas duas têm restrições à clientela: 16-Sentenças Judiciais; 26-Assistência Odontológica aos Segurados Militares e seus Dependentes.

No âmbito dessa investigação, constata-se que as sentenças judiciais determinaram despesas realizadas, no ano de 2010, de R$61.551.288,54, contra um crédito inicial autorizado de R$40.000.000,00. O custo da despesa *per capita* é R$12.925,00/ano, considerando-se 4.762 pessoas atendidas em 28.104 atendimentos.

Conclusão

a) O presente estudo confirma a prevalência de sentenças judiciais repercutindo no orçamento da saúde no período analisado, sendo que no exercício de 2010 o atendimento a sentenças judiciais determinou um dispêndio de R$61.551.288,54, superando o valor apurado em 2009, que foi de R$34.454.995,81;

b) constata-se que no período analisado — biênio 2009/2010 — o valor da receita corrente líquida variou de R$29,118 bilhões (2009) para R$33,179 bilhões, com crescimento nominal de 13,95% e variação real de +7,92%, enquanto o gasto em saúde com atendimento de sentenças judiciais cresceu 78,64%;

c) verifica-se que a tendência no exercício de 2011 é que a situação revele maior intensidade, pois, decotando-se os gastos para o primeiro trimestre do último triênio, tem-se os seguintes valores para gastos com medicamentos em face de sentenças judiciais: 2009 – R$4.425.323,49; 2010 – R$6.194.585,99; 2011 – R$11.334.628,00;

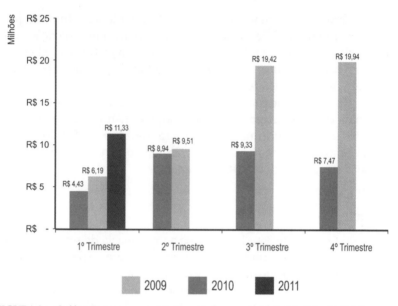

FIGURA 3 – Gráfico Despesas com Medicamentos por meio de Medidas Judiciais, por trimestre – 2009 a 2011
Fonte: Armazém de Informações – Siafi

Os dados acima revelam que no 1º trimestre de 2011 o gasto é 82,97% maior que no primeiro de 2010 e 156,13% maior que em 2009! É da maior relevância informar que se a evolução dos gastos for, pelo menos, constante, a cada trimestre, a previsão é de que haja dispêndio do Tesouro estadual de R$100.734.544,54, em 2011, o que representa R$70.580.744,92 a mais que em 2009, e R$45.682.328,70 a mais do que em 2010.

d) o impacto desalocativo no orçamento do Estado de Minas Gerais é evidente, como se percebe na análise da despesa pública realizada em Projetos/Atividades constantes da função saúde, no biênio 2009/2010.
- Fortalecimento e Melhoria de Qualidade dos Hospitais do Sistema Único de Saúde – PROHOSP – despesa realizada em 2009: R$123.371.142,89; despesa realizada em 2010: R$96.997.992,50 (redução de 21,38%)
- Promoção e execução de Ações em Saúde
- Despesa realizada em 2009: R$67.099.659,12
- Despesa realizada em 2010: R$61.412.541,82
- Diminuição de 8,48%

- Ampliação da Cobertura populacional do Programa Saúde Família
- Despesa realizada em 2009: R$55.620.276,00
- Despesa realizada em 2010: R$ 51.669.039,40
- Diminuição de 7,10%
- Complexo Urgência/Emergência
- Despesa realizada em 2009: R$47.217.573,70
- Despesa realizada em 2010: R$42.240.450,49
- Diminuição de 10,54%
- Complexo de Hospitais Gerais
- Despesa realizada em 2009: R$37.228.292,15
- Despesa realizada em 2010: R$33.361.370,10
- Diminuição de 10,39%
  Tais valores revelam ainda maior relevância quando se observa que o total de gastos com saúde em 2010 foram 10,82% maiores que os verificados em 2009.
e) detalhando-se os gastos com sentenças judiciais por item de despesa, verifica-se que no biênio 2010-2009, o item de maior prevalência é a despesa com medicamentos: 89,44% e 87,52%, respectivamente;
f) aprofundando-se a análise do gasto com medicamentos, no biênio 2009/2010, verifica-se que o item de maior despesa em 2009 foi o medicamento Bosentana com 7,30% de despesa realizada, enquanto em 2010 foi o medicamento Infliximab com 6,86%. É o que demonstram as tabelas (TAB. 5 e 6) com os trinta medicamentos mais prevalentes na despesa oriunda de sentença judicial;

TABELA 5
Maiores despesas, com medicamentos, oriundas de sentença judicial – 2009

	Remédio/Serviço/Material	Despesa Realizada	%	% Acum	Indicações Terapêuticas
1	BOSENTANA	2.515.484,16	7,30	7,30	hipertensão arterial pulmonar
2	SUPLEMENTO ALIMENTAR	2.296.660,96	6,67	13,97	Leite em pó/dieta enteral- Nutrição
3	TOBRAMICINA	2.044.750,74	5,93	19,90	infecção bacteriana nos olhos
4	TRASTUZAMAB	1.806.211,90	5,24	25,14	câncer de mama
5	TEMOLOZOMIDA	1.593.024,90	4,62	29,77	melanoma malígno avançado
6	FABRAZYME	1.490.218,16	4,33	34,09	reposição enzimática - doença FRABRY
7	GALSULFASE	1.269.558,05	3,68	37,78	mucopolissacaridose
8	MALEATO DE SUNITINIBE	1.204.182,56	3,49	41,27	tumor estromal, gastroentestinal/ cálculos renais
9	ETANERCEPTE	1.038.479,04	3,01	44,29	artrite reumatóide
10	RITUXIMAB	1.024.235,10	2,97	47,26	linfomas, leucemias
11	BOMBA DE INFUSÃO DE INSULINA E ACESSÓRIOS	973.487,43	2,83	50,08	diabetes (Acessórios da bomba: reservatório de insulina, catéter, cânula)
12	LARONADASEL	791.043,65	2,30	52,38	mucopolissacaridose
20	XINAFOATO SALMETEROL	739.093,34	2,15	54,52	doenças obstrutivas reversíveis das vias respiratórias
13	BEVACIZUMAB	575.841,50	1,67	56,20	câncer colo-retal e pulmão
14	CITRATO DE SILDENAFIL	575.613,75	1,67	57,87	disfunção erétil e hipertensão arterial (pulmonar)
15	MATERIAL AMBULATORIAL	548.088,74	1,59	59,46	gaze, algodão, curativo, esparadrapo, fita micropore
16	MATERIAL MÉDICO-HOSPITALAR	518.955,26	1,51	60,96	SEM ESPECIFICAÇÃO NO EMPENHO
17	TOSILATO DE SORAFENIBE	462.718,20	1,34	62,31	câncer do rim e do fígado
18	ERLOTINIB	416.354,40	1,21	63,51	câncer pulmão, pâncres e fígado
19	CETUXIMABE	392.028,00	1,14	64,65	câncer de cólon, câncer de teto; câncer de cabeça; câncer de pescoço
21	MESILATO DE IMATINIBE	382.500,00	1,11	65,76	tratamento de Leucemia Mielóide Crônica (LMC)
22	RANIBIZUMAB - LUCENTIS	358.870,69	1,04	66,80	Lesão na retina
23	ÁCIDO URSODESOXICÓLICO	358.131,39	1,04	67,84	Dissolução dos cálculos biliares, formados por colesterol
25	TIRAS REAGENTES PARA MEDIÇÃO DE GLICEMIA	346.570,30	1,01	68,85	diabetes (Acessórios da bomba: reservatório de insulina, catéter, cânula)
26	DASATINIB	344.561,28	1,00	69,85	leucemia mielóide crónica
27	MIGLUSTATE	321.526,42	0,93	70,78	Doença de Gaucher tipo 1
28	TERIPARATIDA	314.523,72	0,91	71,70	osteoporose
29	LAPATINIB	305.105,40	0,89	72,58	tratamento de cânceres de mama ou cólon, avançado e metastizado
30	ATORVASTATINA	287.122,35	0,83	73,41	colesterol
	Outros	9.160.054,42	26,59	100,00	outros medicamentos/materiais/serviços
	Total	**34.454.995,81**	**100,00**		

Fonte: Armazém de Informações – Siafi

TABELA 6
Maiores despesas, com medicamentos, oriundas de sentença judicial – 2010

	Remédio/Serviço/Material	Despesa Realizada	%	% Acum	Indicações Terapêuticas
1	INFLIXIMAB	4.220.409,80	6,86	6,86	artrite reumatóide ou doenças inflamatórias intestinais
2	ADALIMUMABE	4.003.338,24	6,50	13,36	artrite reumatóide
3	SUPLEMENTO ALIMENTAR	3.562.961,74	5,79	19,15	Nutrição (leite em pó, dieta enteral)
4	MEDICAMENTOS PARA ATENDER ACOES JUDICIAIS	3.000.000,00	4,87	24,02	SEM ESPECIFICAÇÕES NO EMPENHO
5	XINAFOATO SALMETEROL	2.818.049,89	4,58	28,60	doenças obstrutivas reversíveis das vias respiratórias
6	GALSULFASE	2.443.583,19	3,97	32,57	diagnóstico confirmado de Mucopolissacaridose
7	ETANERCEPTE	2.344.490,40	3,81	36,38	artrite reumatóide
8	TOBRAMICINA	1.950.473,28	3,17	39,55	infecção bacteriana nos olhos
9	ECULIZUMAB	1.872.699,88	3,04	42,59	doença do sangue: hemoglobinúria paroxística noturna (PNH)
10	BOMBA DE INFUSAO DE INSULINA E ACESSÓRIOS	1.726.476,81	2,80	45,40	MATERIAL
11	AGUA BIDESTILADA e outros	1.618.510,16	2,63	48,03	diluente de medicamentos
12	TRASTUZUMAB	1.543.587,24	2,51	50,53	câncer de mama
13	RANIBIZUMABE	1.331.807,22	2,16	52,70	Lesão nas retinas
14	BEVACIZUMAB	1.323.533,50	2,15	54,85	câncer colo-retal e pulmão
15	BOSENTANA	1.315.656,00	2,14	56,99	hipertensão arterial pulmonar
16	IDURSULFASE	1.284.450,04	2,09	59,07	Síndrome de Hunter (multipolissacaridose)
17	TEMOLOZOMIDA	1.152.595,23	1,87	60,95	melanoma malígno avançado
18	RITUXIMAB	953.103,60	1,55	62,49	linfomas, leucemias, rejeições a transplantes e algumas desordens autoimunes
19	MATERIAL AMBULATORIAL	830.472,33	1,35	63,84	(gaze, algodão, curativo, esparadrapo, fita micropore...)
20	LARONIDASE	804.215,83	1,31	65,15	doentes com um diagnóstico confirmado de Mucopolissacaridose I
21	ERLOTINIB	794.974,80	1,29	66,44	
22	CITRATO DE SILDENAFIL	778.141,50	1,26	67,71	impotência sexual e hipertensão arterial pulmonar
23	MIGLUSTATE	762.051,77	1,24	68,94	doença de Gaucher tipo 1
24	COLISTIMETATO SODICO	707.034,49	1,15	70,09	tratamento de infecções devido aos seguintes organismos Gram-negativo: enterobacter aerogenes, Escherichia coli, klesbsiella pneumonia e Pseudomonas aeroginosa
25	TOSILATO DE SORAFENIBE	662.840,22	1,08	71,17	câncer (avançado) do rim e câncer de fígado
26	SALMETEROL XINAFOATO	513.900,00	0,83	72,00	doença obstrutiva reversível de vias respiratórias
27	CETUXIMABE	513.636,36	0,83	72,84	câncer de cólon; câncer de reto; câncer de cabeça; câncer de pescoço
28	SOMATROPINA	460.077,48	0,75	73,59	tratamento de crianças com alterações do crescimento devidas à deficiência do hormônio de crescimento: somatropina
29	MALEATO DE SUNITINIBE	445.455,36	0,72	74,31	tumor estromal/gastrointestinal/cálculos renais
30	BUDESONIDA	429.462,06	0,70	75,01	asma.
		15.383.300,12	24,99	100,00	(outros medicamentos/materiais/ serviços...)
	Total	34.454.995,81	100,00		

Fonte: Armazém de Informações – Siafi

g) importante registrar que o acompanhamento da Advocacia Geral do Estado no controle de demandas judiciais — mandados de segurança em que as autoridades coatoras eram a Secretaria de Estado de Saúde (SES) e as Gerências Regionais de Saúde (GRS) — permitiu uma inversão da tendência. Em 2008, de 442 Mandados de Segurança, 56% foram concedidos; em 2009, de 375, foram atendidos 51% e, em 2010, de 382 lograram êxito 47%;

h) analisando-se o destinatário da despesa em saúde face a sentenças judiciais, constata-se, no exercício de 2010, 28.104 atendimentos decorrentes de ações judiciais relativas a fornecimento de medicamentos, insumos, serviços e procedimentos, representando o valor R$2.190,00 por atendimento e beneficiando 4.762 pessoas, com um custo *per capita* de R$1.287,13/mês;

i) a judicialização indiscriminada da saúde, em primeiro plano, enfraquece o princípio da separação dos poderes, ao desconsiderar a função constitucional do Poder Executivo em definir políticas públicas, submetendo-as ao crivo do Poder Legislativo. Assim, um provimento jurisdicional que ordene o atendimento público de determinada necessidade médica individual — fora do estabelecido pelas normas e regulamentos do Sistema Único de Saúde (SUS) ou à revelia das políticas públicas traçadas dentro das limitações orçamentárias do Poder Público — age em desfavor de toda a coletividade, pois atende a uma necessidade individual em detrimento do equilíbrio financeiro do sistema e subverte, portanto, os próprios direitos fundamentais que, a princípio, pretendeu garantir;

j) é necessário que o tema esteja na agenda de discussão, destacando a sensibilidade do Poder Judiciário mineiro que vem participando do debate em busca de mecanismos que possibilitem a interface entre o poder público — responsável pela formulação e implementação de políticas públicas — e demais autoridades envolvidas na promoção dos direitos fundamentais, tais como a Ordem dos Advogados do Brasil, a Defensoria Pública, o Ministério Público, o Poder Judiciário e os operadores de saúde.

Os Tribunais de Contas, pilares republicanos da cidadania e do controle externo da despesa pública devem atuar como indutores desse entendimento, visando o bem comum.

Referências

ALBUQUERQUE, Claudiano Manoel de; MEDEIROS, Márcio Bastos; SILVA, Paulo Henrique Feijó da. *Gestão de finanças públicas*. 2. ed. Brasília: Gestão Pública Ed. e Treinamentos, 2008.

AMARAL, Gustavo. *Direito, escassez e escolha*: em busca de critérios jurídicos para lidar com a escassez de recursos e as decisões judiciais. Rio de Janeiro: Renovar, 2001. p. 71-73.

ARANTES, Rogério Bastos. *Ministério Público e política no Brasil*. São Paulo: Sumaré, 2002.

ATALIBA, Geraldo. *República e Constituição*. São Paulo: Revista dos Tribunais, 1985.

BARCELLOS, Ana Paula de. Constitucionalização das políticas públicas em matéria de direitos fundamentais: o controle político-social e o controle jurídico no espaço democrático. *Revista de Direito do Estado – RDE*, n. 3, p.3-32, jul./set., 2006.

BARROSO, Luis Roberto. *O direito constitucional e a efetividade de suas normas*: limites e possibilidades da constituição brasileira. 3. ed. São Paulo: Renovar, 1996.

CANOTILHO, José Joaquim Gomes. *Direito constitucional e teoria da Constituição*. Coimbra: Almedina, 2003.

CASTRO, Marcus Faro de. O STF e a judicialização da política. *Revista Brasileira de Ciências Sociais*, v. 12, n. 34, 1997.

CASTRO, Sebastião Helvecio Ramos de. *Sístoles e diástoles no financiamento da saúde em Minas Gerais*: o período pós-constituinte 1989. Tese (Doutorado em Saúde Coletiva) – Instituto de Medicina Social, Universidade do Estado do Rio de Janeiro, 2007.

CITTADINO, Gisele. *Pluralismo, direito e justiça distributiva*: elementos da filosofia constitucional contemporânea. Rio de Janeiro: Lumen Juris, 2000.

CKAGNAZAROFF, Ivan Beck. A nova Constituição: uma nova administração municipal?. *Revista de Administração Pública*, v. 23, n. 4. p. 104-107, 1989.

CUNHA, Antônio Geraldo da. *Dicionário etimológico nova fronteira de língua portuguesa*. Rio de Janeiro: Nova Fronteira, 1982.

DEBUS, Ilvo; MORGADO, Jeferson Vaz; FILHO, Luiz Gonçalves de Lima. *Orçamento público*. 5. ed. Brasília: Vestcon, 2007. 398 p.

ELAZAR, Daniel Judah. *Exploring federalism*. Tuscaloosa: The University of Alabama Press, 1997.

FERRARI, Regina Maria Macedo Nery. *Elementos de direito municipal*. São Paulo: Revista dos Tribunais, 1993.

FIORI, José Luis. *O federalismo frente ao desafio da globalização*. Rio de Janeiro: Instituto de Medicina Social, 1995. (Série Estudos em Saúde coletiva, 115).

GOUVÊA, Marcos Maselli. O direito ao fornecimento estatal de medicamentos. *Revista Forense*, v. 99, n. 370, p. 37-108, nov./dez. 2003.

HOBSBAWM, Eric John. *A era dos extremos*: o breve século XX: 1914-1991. São Paulo: Companhia das Letras, 1995.

MACIEL, Débora Alves; KOERNER, Andrei. Sentidos da judicialização da política: duas análises. *Revista Lua Nova*, São Paulo, n. 57, p. 114-133, 2002.

MATTOS, Rubens Araujo. *A teoria da programação de saúde no método CENDES/OPAS*. Rio de Janeiro: UERJ/IMS, 1988.

MATUS, Carlos. *Adeus, senhor presidente*: planejamento, antiplanejamento e governo. Tradução de Francisco A. C. da Cunha Filho. Recife: Litteris, 1989.

MATUS, Carlos. O Plano como aposta. *São Paulo Perspectiva*, São Paulo, out./dez. 1991. 5 (4). p. 28-42.

MELO, André Luís Alves de. A judicialização do Estado Brasileiro, um caminho antidemocrático e monopolista. *Jus Navigandi*, Teresina, ano 6, n. 52, 1º nov. 2001. Disponível em: <http://jus.com.br/revista/texto/2408>.

PIOLA, Sérgio Francisco; SERVO, Luciana Mendes. *Contas em saúde*: um instrumento de apoio à gestão do SUS. Rio de Janeiro: IPEA, 2005.

REISENGER, William M. Resenha de The global expansion of judicial power. *Law and Politics Book Review*, v. 6, n. 1.

ROEMER, Milton I. *National health systems of the world*. Oxford: Oxford University Press, 1993.

STRUCHINER, Noel. *Para falar de regras*: o positivismo conceitual como cenário para uma investigação filosófica acerca dos casos difíceis do direito. Tese (Doutorado) – Pontifícia Universidade Católica do Rio de Janeiro, Rio de Janeiro, 2005.

TATE, C. Neal; TORBJORN, Vallinder. *The global expansion of judicial power*. New York: University Press, 1995.

TEIXEIRA, Ariosto. *A judicialização da política no Brasil (1990-1996)*. Dissertação (Mestrado) – Universidade de Brasília, Brasília.

UGÁ, Maria Alicia Domingues. *In*: SEMINÁRIO DE POLÍTICAS DE SAÚDE NO CHILE E NO BRASIL. São Paulo: ENSP, 2006.

UGÁ, Maria Alicia Dominguez; SANTOS, Isabela Soares. *Análise da equidade do financiamento do sistema de saúde brasileiro*. São Paulo: FIOCRUZ, 2005. Disponível em: <portal.saude.gov.br/portal/arquivos/pdf/ciclo2-2006_02.pdf>. Acesso em: 16 maio 2011.

VIANNA, Luis Werneck (Org.). *A democracia e os três poderes no Brasil*. Belo Horizonte: Ed. UFMG, 2002.

WEINTRAUB, Arthur Bragança de Vasconcelos. Direito à saúde no Brasil e princípios da seguridade social. *Revista de Direito Social*, p. 20-58, 2005.

Informação bibliográfica deste texto, conforme a NBR 6023:2002 da Associação Brasileira de Normas Técnicas (ABNT):

CASTRO, Sebastião Helvecio Ramos de. Impacto desalocativo no orçamento público estadual em face de decisões judiciais. *In*: GUERRA, Evandro Martins; CASTRO, Sebastião Helvecio Ramos de (Coord.). *Controle Externo*: estudos temáticos. Belo Horizonte: Fórum, 2012. p. 9-46. ISBN 978-85-7700-604-5.

BENEFÍCIO EVENTUAL POR MORTE EM FACE DO SISTEMA ÚNICO DE ASSISTÊNCIA SOCIAL

EVANDRO MARTINS GUERRA

O presente trabalho busca investigar acerca da natureza jurídica do benefício denominado auxílio-funeral, bem como verificar os seus possíveis beneficiários, no sentido de se apurar se é juridicamente possível que familiares de agentes políticos possam receber o pagamento em caso de falecimento de parlamentar.

1 Natureza jurídica

É controversa a natureza jurídica do instituto do auxílio-funeral, residindo divergência doutrinária entre a índole previdenciária (e contributiva) e o caráter de benefício assistencial (não contributivo), sendo que há reflexos diretos na matéria e, portanto, na conclusão do presente trabalho.

A Constituição da República de 1988, no título VIII - Da Ordem Social, art. 194, dispõe acerca do sistema de seguridade social, definindo-o como conjunto integrado de ações destinadas a assegurar os direitos à saúde, à previdência e à assistência social.

No art. 201, I, a Carta Cidadã prescreve que a previdência social terá caráter contributivo e atenderá a "cobertura dos eventos de doença, invalidez, morte e idade avançada". Estabelece, também, no art. 203, I, que a assistência social será prestada a quem dela necessitar, independentemente de contribuição, tendo por objetivo, entre outros, "a proteção à família, à maternidade, à infância, à adolescência e à velhice". Dessa sorte, o benefício em apreço encontra guarida constitucional, podendo ser compreendido tanto no âmbito da previdência social, quanto no da assistência social, de acordo com a legislação regulamentadora.

Outro ponto atinente à compreensão da presente matéria toca à atribuição legislativa para dispor sobre o tema. Nesse extrato, vale destacar a competência privativa da União para legislar sobre a seguridade social, na forma disposta no inciso XXIII, do art. 22, da Constituição da República, impondo, dessa forma, aos demais membros da federação, sujeição às normas nacionais estabelecidas.

Vale dizer, embora deva ser considerada a autonomia municipal para legislar sobre interesse local, deve-se refletir que, no ordenamento constitucional vigente, há limitações promovidas, entre outros, pelo princípio da simetria concêntrica, que impõe a fiel observância às normas editadas pelo ente federal como forma de manutenção e desenvolvimento da coesão e harmonia dos sistemas e políticas de cunho nacional.

A divergência intelectiva tem espeque na temática relativa ao servidor público, isto porque, no âmbito federal, o art. 231[1] da Lei nº 8.112/90 – Estatuto dos Servidores Públicos Federais (derrogada pela Lei nº 9.783/99, posteriormente ab-rogada pela Lei nº 10.887/04), dispunha que os benefícios dispostos no Plano de Seguridade Social do Servidor (elencados no art. 185),[2] entre eles o auxílio-funeral, seriam custeados por meio de contribuições dos próprios servidores.

Entretanto, a norma não explicitou a natureza jurídica dos benefícios, se assistenciais ou previdenciários. Nesse passo, parte da doutrina e da jurisprudência passou a entender que o auxílio-funeral, de caráter assistencial na norma anterior (art. 156, §2º da Lei nº 1.711/52),[3] foi alçado à categoria de benefício contributivo, logo de natureza previdenciária.

---

[1] Art. 231. O Plano de Seguridade Social do servidor será custeado com o produto da arrecadação de contribuições sociais obrigatórias dos servidores dos três Poderes da União, das autarquias e das fundações públicas.

[2] Art. 185. Os benefícios do Plano de Seguridade Social do servidor compreendem:
II - quanto ao dependente:
b) auxílio-funeral;

[3] Art.156. A família do funcionário falecido, ainda que ao tempo da sua morte estivesse ele em disponibilidade ou aposentado, será concedido o auxílio-funeral correspondente a um mês de vencimento, remuneração ou provento.

Não obstante, em outra seara, estudos vão ao encontro da ideia de que o auxílio-funeral possui caráter assistencial e indenizatório, consistindo em um reembolso à família ou a terceiro responsável pelo sepultamento do falecido, em valor correspondente à quantia efetivamente gasta no pagamento das despesas respectivas, mediante a devida comprovação, independente de contribuição e visando tão somente o ressarcimento das despesas havidas com o funeral.

A questão ganhou novos contornos com o entendimento de que o art. 226,[4] da citada Lei nº 8.112/90, que prevê o benefício para o servidor público, foi revogado pelo *caput* do art. 5º da Lei nº 9.717/98[5] (regulamentada pela Orientação Normativa nº 21 do Ministério da Previdência Social), ao determinar que os regimes próprios de previdência social dos servidores públicos não poderão conceder benefícios distintos dos previstos no regime geral tratado na Lei nº 8.213/91, salvo disposição em contrário na Constituição, não tendo sido o auxílio-funeral incluído no rol taxativo das prestações dispostas em seu art. 18.

Esse mesmo diploma continha previsão para o benefício em suas disposições finais e transitórias – art. 141,[6] dispositivo revogado, contudo, pela Lei nº 9.528, de 10 de dezembro de 1997. Nada obstante, nesse lapso, foi editada a Lei nº 8.742, de 7/12/93 – Lei Orgânica da Assistência Social (LOAS), que dispõe sobre a organização da assistência social e dá outras providências, tendo estabelecido, em seu art. 22, o auxílio por morte como benefício assistencial eventual, profligando a tese do caráter previdenciário.

> Art. 22. Entendem-se por benefícios eventuais as provisões suplementares e provisórias que integram organicamente as garantias do Suas e são prestadas aos cidadãos e às famílias em virtude de nascimento, morte, situações de vulnerabilidade temporária e de calamidade pública. (Redação dada pela Lei nº 12.435, de 2011)

---

§2º A despesa correrá pela dotação própria do cargo, não podendo, por esse motivo, o nomeado para preenchê-lo entrar em exercício antes de decorridos trinta dias do falecimento do antecessor.

[4] Art. 226. O auxílio-funeral é devido à família do servidor falecido na atividade ou aposentado, em valor equivalente a um mês da remuneração ou provento.

[5] Art. 5º. Os regimes próprios de previdência social dos servidores públicos da União, dos Estados, do Distrito Federal e dos Municípios, dos militares dos Estados e do Distrito Federal não poderão conceder benefícios distintos dos previstos no Regime Geral de Previdência Social, de que trata a Lei nº 8.213, de 24 de julho de 1991, salvo disposição em contrário da Constituição Federal.

[6] Art. 141. Por morte do segurado, com rendimento mensal igual ou inferior a Cr$51.000,00 (cinqüenta e um mil cruzeiros), será devido auxílio-funeral, ao executor do funeral, em valor não excedente a Cr$17.000,00 (dezessete mil cruzeiros).

O art. 5º da Lei nº 9.717/98, sendo posterior à LOAS, de fato não se aplica ao caso do auxílio-funeral, pois, tendo natureza assistencial, o benefício não poderia mesmo estar elencado no rol dos direitos previdenciários.

Nessa toada, na busca de uma interpretação conforme, com vistas à permissividade do pagamento do auxílio-funeral aos dependentes dos servidores públicos falecidos, os tribunais firmaram o entendimento de que não houve a revogação tácita do benefício, pois, conforme as normas constitucionais, o regime geral se aplica apenas subsidiariamente ao regime próprio do servidor. Demais disso, o pagamento é legal, posto que custeado pelas contribuições previdenciárias dos servidores.

No Tribunal Regional do Trabalho da 12ª Região, atribui-se natureza indenizatória ao benefício:

> Auxílio-funeral e auxílio-natalidade. Concessão a servidor público federal. Legalidade. Não se encontra vedada a concessão de auxílio-natalidade e de auxílio-funeral previstos no Estatuto do servidor público federal porque, diante dos termos constitucionais que prevêem somente a aplicação subsidiária das regras atinentes ao Regime Geral da Previdência, não houve a revogação tácita desses benefícios.[7]

> AUXÍLIO-NATALIDADE. REVOGAÇÃO TÁCITA. INOCORRÊNCIA. "O regime previdenciário contributivo, previsto para os servidores públicos no art. 40 da Constituição Federal, não exclui o auxílio-funeral previsto no art. 185 da Lei nº 8.112, de 1990, mesmo sendo observado o rol de direitos de que trata o art. 18 da Lei nº 8.213, de 1991 (Plano de Benefícios da Previdência Social), e a restrição à existência de quaisquer outros, imposta pelo art. 5º da Lei nº 9.717, de 1998. Isso porque o §12 do art. 40 da Carta Magna prevê que 'os requisitos e critérios fixados para o regime geral de previdência social' somente serão observados no que couberem, quando se tratar de servidores públicos. Logo, não há possibilidade de considerar a revogação tácita do referido benefício, que continua previsto na lei estatutária, pois a ressalva constitucional retirou o caráter de *numeros clausus* do rol existente na Lei nº 8.213/91".[8]

A seu turno, o Supremo Tribunal Federal decidiu que a contribuição incidente sobre a remuneração dos servidores não visa apenas ao custeio de suas aposentadorias, mas, também, ao custeio dos demais

---

[7] Ac. SDC 03828/04, 16.02.04. Proc. DC-ORI 00383-2003-000-12-00-1. Maioria. Rel.: Juíza Águeda Maria Lavorato Pereira. Publ. *DJ*/SC 22.04.04, p. 236.

[8] Ac. nº 12.056/00 – Administrativo – Rel. Juiz Luiz Fernando Vaz Cabeda) (Ac. 1ª T. 06001/03, 10.06.03. Proc. AG-PET 00397-2001-011-12-00-7. Unânime. Rel.: Juiz Garibaldi T. P. Ferreira. Publ. *DJ*/SC 27.06.03, p. 197.

benefícios previstos no art. 185 da Lei nº 8.112/90, entre eles: licença para tratamento de saúde, licença à gestante, licença-paternidade, licença por acidente de serviço, assistência à saúde, auxílio-funeral e auxílio-reclusão.

Asseverou, ainda, que o art. 1º da Lei nº 9.783/99 não afronta o inciso II do art. 150 da Constituição Cidadã, pois, "pelo princípio da isonomia, não se deve tratar desigualmente a contribuintes que se encontrem em situações equivalentes".[9]

Dessarte, vem sendo admitido o pagamento do auxílio-funeral aos servidores públicos como benefício de natureza previdenciária, previsto em lei, componente do regime próprio de previdência custeado pelos servidores.

Contudo, fora do regime estatutário, os demais cidadãos deverão se adequar às normas que sustentam o sistema da seguridade social, no qual o auxílio-funeral apresenta-se não como benefício do regime geral de previdência social, mas de assistência social.

De fato, na legislação infraconstitucional, verifica-se que a Lei nº 8.213/91 não incluiu o benefício do auxílio-funeral entre as prestações devidas pelo regime geral de previdência, arroladas no art. 18, mas, sim, nas disposições finais e transitórias, no art. 141 (atualmente revogado), dispondo, ademais, no §2º, que a parcela ficaria a cargo da previdência social até que entrasse em vigor a lei da assistência social (Lei nº 8.742/93), que implantou o benefício eventual por morte[10] (auxílio-funeral) no art. 22, tendo promovido expressamente a sua extinção no âmbito previdenciário.[11] Consoante os termos do art. 40, *litteris*:

> Art. 40. Com a implantação dos benefícios previstos nos arts. 20 e 22 desta lei, extinguem-se a renda mensal vitalícia, o auxílio-natalidade e o auxílio-funeral existentes no âmbito da Previdência Social, conforme o disposto na Lei nº 8.213, de 24 de julho de 1991.

Por fim, concluindo-se que a natureza assistencial aplica-se em regra, decorre que o benefício não possui caráter contributivo, nos termos do *caput* do art. 203 da Constituição da República de 1988, que

---

[9] Processo MS nº 2159; MANDADO DE SEGURANÇA. Relator Ministro Marco Aurélio. Julgamento em 9.9.2002. Publicação *DJ*, 18 set. 2002, p. 12.

[10] No âmbito da Política Nacional de Assistência Social (PNAS), os benefícios eventuais se configuram como direitos sociais instituídos por meio de lei, possuem caráter suplementar e provisório e são prestados aos cidadãos e às famílias em virtude de morte, nascimento, calamidade pública e situações de vulnerabilidade temporária

[11] No mesmo sentido, cf. doutrina TAVARES, Marcelo Leonardo. *Direito previdenciário*. Rio de Janeiro: Lumen Juris, 2008. p. 14.

dispõe acerca do seu caráter gracioso, e deve beneficiar a todos os cidadãos que dele necessitem.

2 Exegese fixada pelo Tribunal de Contas da União

Instado a manifestar-se, o Tribunal de Contas da União sedimentou interpretação acerca da natureza jurídica do auxílio-funeral, no sentido de tratar-se de benefício eventual de caráter assistencial:

> o benefício auxílio-funeral, devido a dependente de servidor público finado na forma prevista no Estatuto dos Funcionários Públicos Federais, é vantagem de natureza assistencial, em face do que dispõem os artigos 22 e 40 da Lei nº 8.472, de 7.12.1993 (Lei Orgânica da Assistência Social).[12]

Importa considerar, nessa linha, que a assistência social é prestada a todos que dela necessitarem, indiferentemente de contribuição, diversamente da previdência, marcadamente de cunho contributivo. Com efeito, o benefício em apreço não possui natureza previdenciária, não devendo ser enquadrado como tal, em face do ordenamento jurídico-normativo vigente.

De todo modo, levando-se em conta que a presente investigação tem como objeto o pagamento do benefício não a servidor público, mas sim a agente político, faz-se imperativa a análise dos beneficiários da prestação.

3 Dos beneficiários

A terceira vertente a ser considerada nesta assentada, versa acerca da legitimidade para figurar como beneficiário do auxílio-funeral.

A assistência social deve ser entendida como política pública não contributiva, traduzindo-se em dever do Estado e direito de todo cidadão que dela necessitar. No Brasil, a assistência participa de uma tríade, compondo o sistema de seguridade social, fundamentado na Constituição Cidadã no Capítulo II do Título VIII.

Ao lado de outras políticas setoriais, o sistema considera as desigualdades socioeconômicas, visando diminuí-las, sobretudo com a garantia dos mínimos sociais, provimento de condições para atender à sociedade e universalização dos direitos sociais. Os beneficiários dessa

---

[12] Acórdão nº 346/2006 - Plenário, publicado em 28.3.2006, processo nº 013.616/2005-1.

política são os cidadãos e grupos que se encontram em situações de risco, independentemente de contribuição.

Entre os principais suportes da assistência social, além da Carta de 1988, que delineia as linhas para a gestão das políticas públicas, importa relevar também a Lei Orgânica da Assistência Social (LOAS), Lei nº 8.742/93, que estabelece os objetivos, princípios, diretrizes, benefícios, serviços, programas, projetos e financiamento da assistência social.

Nos termos da LOAS, a assistência social será organizada em um sistema descentralizado e participativo, composto pelo poder público e pela sociedade civil, com a utilização de meios, esforços e recursos para a execução dos programas, serviços e benefícios socioassistenciais, definidos no Sistema Único de Assistência Social (SUAS),[13] que organiza a oferta da assistência social em todo o Brasil, promovendo bem-estar e proteção social a famílias, crianças, adolescentes e jovens, pessoas com deficiência, idosos — enfim, a todos que dela necessitarem. As ações são desenvolvidas tendo por supedâneo a Política Nacional de Assistência Social (PNAS), aprovada pelo Conselho Nacional de Assistência Social (CNAS) em 2004.

Os benefícios assistenciais no âmbito do SUAS são prestados de forma articulada às demais garantias, o que significa um trabalho continuado com as famílias atendidas, com objetivo de incluí-las nos serviços previstos, além de promover a superação das situações de vulnerabilidade. São divididos em duas modalidades direcionadas a públicos específicos: o benefício de prestação continuada e os benefícios eventuais, que caracterizam-se por seu caráter provisório e pelo objetivo de dar suporte aos cidadãos e suas famílias em momentos de fragilidade advindos de nascimento, morte, situações de vulnerabilidade

---

[13] O Sistema Único de Assistência Social (SUAS) é um sistema público que organiza, de forma descentralizada, os serviços socioassistenciais no Brasil. Com um modelo de gestão participativa, ele articula os esforços e recursos dos três níveis de governo para a execução e o financiamento da Política Nacional de Assistência Social (PNAS), envolvendo diretamente as estruturas e marcos regulatórios nacionais, estaduais, municipais e do Distrito Federal.
O SUAS organiza as ações da assistência social em dois tipos de proteção social. A primeira é a Proteção Social Básica, destinada à prevenção de riscos sociais e pessoais, por meio da oferta de programas, projetos, serviços e benefícios a indivíduos e famílias em situação de vulnerabilidade social. A segunda é a Proteção Social Especial, destinada a famílias e indivíduos que já se encontram em situação de risco e que tiveram seus direitos violados por ocorrência de abandono, maus-tratos, abuso sexual, uso de drogas, entre outros aspectos.
O SUAS engloba também a oferta de Benefícios Assistenciais, prestados a públicos específicos de forma articulada aos serviços, contribuindo para a superação de situações de vulnerabilidade. Também gerencia a vinculação de entidades e organizações de assistência social ao Sistema, mantendo atualizado o Cadastro Nacional de Entidades e Organizações de Assistência Social e concedendo certificação a entidades beneficentes, quando é o caso. Disponível em: <http://www.mds.gov.br/assistenciasocial/suas>. Acesso em: 08 set. 2011.

temporária e de calamidade pública. Em ambos os casos, a renda mensal familiar *per capita* deve ser inferior a um quarto do salário mínimo vigente.

O acesso aos benefícios é um direito do cidadão, devendo ser concedido em observância à dignidade dos indivíduos que deles necessitem. A prestação e o financiamento dos benefícios eventuais estão na esfera de competência dos municípios e do Distrito Federal, com responsabilidade de cofinanciamento pelos Estados.[14]

A gestão das ações socioassistenciais é norteada pela Norma Operacional Básica do SUAS, que disciplina a descentralização administrativa e a relação entre os membros federados e as formas de aplicação dos recursos públicos. Entre outras determinações, a norma reforça o papel dos fundos de assistência social como as principais instâncias para o financiamento da PNAS.

De acordo com o disposto na LOAS, capítulo II, seção I, art. 4º, a Política Nacional de Assistência Social rege-se pelos seguintes princípios democráticos:

a) supremacia do atendimento às necessidades sociais sobre as exigências de rentabilidade econômica;
b) universalização dos direitos sociais, a fim de tornar o destinatário da ação assistencial alcançável pelas demais políticas públicas;
c) respeito à dignidade do cidadão, à sua autonomia e ao seu direito a benefícios e serviços de qualidade, bem como à convivência familiar e comunitária, vedando-se qualquer comprovação vexatória de necessidade;
d) igualdade de direitos no acesso ao atendimento, sem discriminação de qualquer natureza, garantindo-se equivalência às populações urbanas e rurais;
e) divulgação ampla dos benefícios, serviços, programas e projetos assistenciais, bem como dos recursos oferecidos pelo Poder Público e dos critérios para sua concessão.

Ademais, entre as diretrizes da Assistência Social, destaca-se a descentralização político-administrativa, cabendo a coordenação e as normas gerais à esfera federal e a coordenação e execução dos respectivos programas às esferas estadual e municipal, bem como a entidades beneficentes e de assistência social, garantindo o comando único das ações em cada esfera de governo, respeitando-se as diferenças e as características socioterritoriais locais.

---

[14] Disponível em: <http://www.mds.assistenciasocial/beneficiossociais>.

Entre os objetivos da PNAS, destaca-se a inclusão e a equidade dos usuários e grupos específicos, ampliando o acesso aos bens e serviços socioassistenciais básicos e especiais, em áreas urbana e rural. Nessa senda, os beneficiários da Política de Assistência Social são os cidadãos e grupos que se encontram em situações de vulnerabilidade e riscos, tais como: famílias e indivíduos com perda ou fragilidade de vínculos de afetividade, pertencimento e sociabilidade; ciclos de vida; identidades estigmatizadas em termos étnico, cultural e sexual; desvantagem pessoal resultante de deficiências; exclusão pela pobreza e, ou, no acesso às demais políticas públicas; uso de substâncias psicoativas; diferentes formas de violência advinda do núcleo familiar, grupos e indivíduos; inserção precária ou não inserção no mercado de trabalho formal e informal; estratégias e alternativas diferenciadas de sobrevivência que podem representar risco pessoal e social.

Conclusão

Em corolário, salta, a toda evidência, a intelecção no sentido de não se admitir que apenas familiares de parlamentares (agentes políticos) possam receber pagamento de auxílio-funeral, porquanto não há falar em política de assistência social própria, pois o sistema é destinado especificamente a cidadãos e grupos socioeconomicamente desprotegidos.

A implantação do benefício somente poderá ocorrer mediante adequação e inserção no sistema nacional (SUAS), ou seja, se lei municipal específica for editada implantando o benefício a todos os que se encontrarem nas situações elencadas, quer dizer, se, em sendo criado o auxílio-funeral, por meio de lei e dotação orçamentária específica, for estendido a todos que dele necessitarem para arcar com as custas fúnebres de seus afetos, consoante os requisitos legalmente definidos.

Diante do exposto, considera-se de natureza assistencial o benefício do auxílio-funeral, bem como entende-se pela impossibilidade de criação de sistema próprio de assistência social pelo Município.

Informação bibliográfica deste texto, conforme a NBR 6023:2002 da Associação Brasileira de Normas Técnicas (ABNT):

GUERRA, Evandro Martins. Benefício eventual por morte em face do Sistema Único de Assistência Social. In: GUERRA, Evandro Martins; CASTRO, Sebastião Helvecio Ramos de (Coord.). Controle Externo: estudos temáticos. Belo Horizonte: Fórum, 2012. p. 47-55. ISBN 978-85-7700-604-5.

AUTO DE PRAZO PARA REGULARIZAÇÃO DE PROCEDIMENTO

RAQUEL DE OLIVEIRA MIRANDA SIMÕES
MARÍLIA GONÇALVES DE CARVALHO

Introdução

O presente estudo visa expor a fundamentação jurídica e a conveniência prática da instituição do que se escolheu denominar Auto de Prazo para Regularização de Procedimento (APRP).

Decorrente da competência prevista no art. 71, inciso IX da Constituição Cidadã; art. 76, XVI da Constituição Compromisso; e no art. 3º, inciso XVIII da Lei Complementar Estadual nº 102/08 e do Regimento Interno do Tribunal de Contas do Estado de Minas Gerais (Res. nº 12/08), ou seja: assinar prazo para que o órgão ou entidade adote as providências necessárias ao exato cumprimento da lei, se verificada ilegalidade, o APRP surge como um instrumento de promoção do controle externo concomitante e atuação pedagógica e transparente do Tribunal de Contas.

1 Fundamentação jurídica

1.1 Função e competências

A função é a atividade típica de um órgão, nos termos em que lhe é acometida pela Constituição da República. Da função, por sua vez, decorrem as competências, que são os poderes que lhe servem de instrumento. A competência nada mais é, portanto, que o meio para se atingir a finalidade institucional, que é a função.

Ao Tribunal de Contas cabe a função de controle externo. É sua atividade-fim, exercida por meio das competências que lhe são conferidas pela Constituição.

1.2 Assinatura de prazo para cumprimento da lei

A compreensão do caráter instrumental das competências constitucionais outorgadas ao Tribunal de Contas está diretamente ligada à noção de eficiência, princípio norteador da atuação estatal.

A partir dessa noção, verifica-se que o exercício de competências não consubstancia um fim em si mesmo, mas um instrumento que deve ser manuseado a tempo e modo, tendo como norte, invariavelmente, a obtenção de resultados e a sua otimização — ou, noutras palavras, eficiência.

Na esteira desse raciocínio, destaca-se a prerrogativa do Tribunal de Contas de assinar prazo para que o jurisdicionado adote as providências necessárias ao exato cumprimento da lei, se verificada ilegalidade (art. 71, IX, CR/88).

A assinatura de prazo consubstancia, nessa vertente, o mais adequado exemplo do caráter instrumental próprio das competências, porquanto, por meio dessa atribuição, o Tribunal de Contas se vale da imperatividade que a Constituição da República lhe confere.

Vale dizer, a imperatividade é a qualidade de interferir, unilateralmente, na esfera de terceiros, constituindo-os em obrigações,[1] e decorre do poder extroverso do Estado, exercido constitucionalmente pelo Tribunal de Contas por meio de tais prerrogativas, entre as quais vale citar: a assinatura de prazos para correção de ilegalidades, a aplicação de sanções e a sustação de atos.

Mediante uma conduta imperativa, decorrente do poder extroverso atribuído às Cortes de Contas, o controle externo pode ser exercido concomitantemente aos atos controlados, que pode neles interferir, determinando a realização ou abstenção de conduta a prazo determinado, sob pena de sanção prevista em lei (art. 71, VIII, CR/88).

---

[1] BANDEIRA DE MELLO, Celso Antônio. *Curso de direito administrativo*. 15. ed. São Paulo: Malheiros, 2002.

1.3 Do Auto de Prazo para Regularização de Procedimento

É nesse contexto que surge o APRP, que, além de revestir-se da efetividade do controle concomitante próprio da assinatura de prazo, conferirá maior transparência à atuação do Tribunal de Contas.

Sendo a própria manifestação de uma prerrogativa constitucional do Tribunal de Contas, e, portanto, de aplicabilidade imediata, prescindirá de lei que o institua ou o regule, podendo a Corte fazê-lo por meio de ato próprio.

O APRP seria uma forma de otimizar o poder coercitivo do Tribunal de Contas, compelindo o jurisdicionado a alinhar a sua prática às normas aplicáveis, comprometendo-se à abstenção dos nominados atos irregulares e à adoção de medidas corretivas e/ou compensatórias.

Em contrapartida, em assumindo o jurisdicionado o compromisso de adotar a conduta determinada no ato, obterá a suspensão da exigibilidade/aplicação da sanção cominada à hipótese, durante o período que lhe for concedido.

Em se verificando o cumprimento integral do compromisso assumido, o compromissário terá, como forma de sanção premial, a extinção da sanção aplicável às irregularidades verificadas.

Por outro lado, uma vez frustrado o compromisso assumido pelo jurisdicionado compromissário, incidirá, automaticamente, a sanção aplicável ao ato de gestão ou procedimento inicialmente rejeitado pelo Tribunal de Contas, além de uma multa a ser aplicada aos diretamente responsáveis pelo descumprimento do APRP (nos termos do art. 85, III, da Lei Complementar nº 102/08).

O instrumento do APRP terá a finalidade adicional de expor, publicamente, a gestão do jurisdicionado e a obrigação a ele imposta, conferindo transparência às atuações, tanto do Tribunal de Contas quanto do destinatário do controle externo.

A função de controle, quando exercida em sua feição repressiva, punitiva, malgrado sua inegável irrenunciabilidade e imprescindibilidade, deve ser considerada como última *ratio*, ou forma subsidiária de atuação. Daí a potencial eficiência da utilização do APRP, pois personifica uma ação de controle anterior ou concomitante, evitando e corrigindo a ilegalidade; em substituição à atuação repressiva, que, na melhor das hipóteses, será sempre um controle posterior, a um passo atrás da ilegalidade e do dano ao erário — o que não se coaduna com o melhor interesse da sociedade.

1.4 Inconfundibilidade com instrumentos bilaterais de controle

Consabidamente, a função de controle da administração pública, malgrado as variações, não é exercida com exclusividade pelo Tribunal de Contas.

Com efeito, o ordenamento jurídico também prevê que a administração pública se sujeite a um sistema de controle interno (art. 74, CR/88), ao controle social, ao controle judicial (exercido por meio da ação civil pública, ação popular) etc.

E, a essas outras formas de controle, seguindo a imperativos do princípio da eficiência, o ordenamento jurídico prevê instrumentos de atuação concomitante e preventiva, em oposição à intervenção posterior e repressiva.

À guisa de exemplo, vale citar:
- o termo de ajustamento de conduta, previsto pela Lei de Ação Civil Pública[2] para ser proposto pelos órgãos públicos legitimados à sua propositura, de forma subjacente ao controle judicial;
- o contrato de gestão, previsto no §8º do art. 37 da CR/88, a ser celebrado entre o poder público central e órgãos e entidades da administração direta e indireta, que relaciona-se, ainda que indiretamente, ao controle interno da administração pública previsto no mencionado art. 74, CR/88.

Tais institutos, embora também se prestem à função de controle, não se confundem com o APRP, que deles se distingue por apresentar duas características marcantes: independe de previsão/regulamentação legal, e pode ser imposto unilateralmente.

Perceba-se as distinções, em pormenores.

1.4.1 Termo de Ajustamento de Conduta (art. 5º, §6º, Lei nº 7.347/85)

O termo de Ajustamento de Conduta (TAC), previsto nas Leis nº 7.347/85, art. 5º, §6º e nº 8.096, art. 211, é um instrumento de acordo pré-processual, que visa antecipar o resultado obtenível por meio da ação civil pública, ao tomar ou receber do agente a promessa de regularização da ilegalidade apurada.

---

[2] Art. 5º, §6º, Lei nº 7.347/85.

Trata-se de uma espécie de contrato, no qual os órgãos públicos legitimados à propositura da Ação Civil Pública — objetivando atuação preventiva e economia processual — solicitam ao agente que regularize de determinada situação ou comportamento considerado ilícito, pena de multa a ser estipulada, em troca do não ajuizamento da ação.

Assim, o agente tem a oportunidade de, ao firmar o termo de ajustamento, evitar o ajuizamento da ação e a superveniência de uma sentença condenatória que lhe imponha gravames maiores que os propostos no TAC.

À contrapartida, os proponentes têm a conveniência de obter a promessa de regularização por parte do agente, sob pena de, em caso de descumprimento, o TAC assumir eficácia de título executivo.

Observe-se, contudo, que a eficácia executiva do TAC erige-se diante do compromisso voluntariamente firmado pelo agente, que se obriga a ajustar sua conduta ao que proposto, sob as penas cuja cominação também voluntariamente adere.

Diferentemente, no caso do APRP, o comportamento corretivo e/ou compensatório é imposto ao jurisdicionado, que deve sanar ou desfazer a irregularidade apurada pelo Tribunal de Contas, sob pena de multa, sem prejuízo de outras penalidades previstas pela lei.

Fazendo uso de seu poder extroverso, o Tribunal de Contas vale-se de sua competência constitucional (art. 71, IX, CR/88) — ou seja, independentemente de lei, para fixar, unilateralmente, prazo para que o jurisdicionado proceda ao cumprimento da lei, nos termos em que lhe for determinado.

1.4.2 Contrato de gestão previsto no art. 37, §8º, da Constituição da República de 1988

A reforma administrativa realizada pela EC nº 19/98, que teve como pilar substancial imprimir eficiência à administração pública, elevou esse valor à condição de princípio constitucional, e teve como uma de suas inovações consectárias a previsão da figura do denominado contrato de gestão, a partir da introdução do §8º ao art. 37 da Constituição da República.

O contrato de gestão foi instituído com o objetivo de criar uma política de controle de resultados dentro da Administração Pública. De um lado, o poder público central estabelece metas de desempenho a órgãos e entidades da administração direta e indireta, que, em contrapartida, fariam jus à concessão de maior autonomia gerencial, orçamentária e financeira.[3]

Embora a EC nº 19/98 tenha introduzido o contrato de gestão no ordenamento jurídico, outorgou à lei a disposição de seus elementos básicos, notadamente o prazo de duração do contrato e os controles e critérios de avaliação das metas estabelecidas.

Assim, malgrado seja intimamente relacionado ao princípio da eficiência, de substanciosa carga normativa, o contrato de gestão foi inserido no ordenamento jurídico em uma norma constitucional de aplicabilidade mediata e eficácia limitada — na tradicional classificação das normas constitucionais dada por José Afonso da Silva[4] —, dependendo de complementação legislativa ulterior que lhe desenvolva a aplicabilidade, a aptidão de produzir efeitos.

Não bastasse a sua limitada eficácia jurídica, o contrato de gestão consubstancia um instituto jurídico bilateral, decorrente do consentimento dos signatários.

Seguindo a linha traçada pela Carta Magna, o Tribunal de Contas não depende do consentimento de seus jurisdicionados quando lhes assina prazo para o cumprimento de lei (art. 71, IX, CR/88), porquanto, no exercício de suas atribuições, o Tribunal de Contas não celebra contratos; emite atos.

2 Aplicabilidade prática

Para fins do exercício da função constitucional, o APRP pode ser utilizado como um meio coercitivo de obter a correção de determinada irregularidade detectada na gestão de recursos públicos, oportunizando ao jurisdicionado que a corrija, evitando a aplicação de sanções.

Sendo uma materialização da competência exercida autonomamente pelo Tribunal de Contas — conforme lhe foi conferida pelo art. 71, IX, da Constituição da República —, o APRP pode ser emitido em qualquer matéria ou processo submetido à deliberação da Corte de Contas em que se mostre aplicável, e no momento em que se entender cabível.

A matéria, o conteúdo e o momento da emissão do APRP variarão conforme o caso, para que melhor atender ao princípio da eficiência.

---

[3] DI PIETRO, Maria Sylvia Zanella. *Direito administrativo*. 20. ed. São Paulo: Atlas, 2007. p. 312.

[4] SILVA, José Afonso. Aplicabilidade das normas constitucionais. *Revista dos Tribunais*, São Paulo, p. 89-91, 1982.

Com efeito, o APRP pode ser emitido no bojo de um processo, a fim de evitar uma sanção aplicável ao seu final, ou até mesmo como pendência, cuja sanção pode se concretizar — se não cumprido o compromisso, no controle referente ao exercício seguinte.

A conveniência prática, sob o ponto de vista institucional, é incontestável, considerando a instrumentalidade das competências das Cortes de Contas, uma vez que o objetivo não é aplicar sanções, mas obter do jurisdicionado o fiel cumprimento da lei na gestão de recursos públicos.

Ademais, a forma de compromisso público, se formalizada pelo jurisdicionado após a emissão do ato pelo Tribunal de Contas, dará publicidade aos esforços da Corte em garantir o cumprimento da lei, bem como às irregularidades verificadas de forma contemporânea.

A eficiência do controle contemporâneo já foi reconhecida pelo legislador brasileiro, como se depreende do art. 59, §1º, da Lei Complementar nº 101/2000, que cria o ato de alerta a ser emitido pelo Tribunal de Contas assim que verificada a ocorrência de qualquer dos fatos elencados (atingimento do limite de despesa de pessoal ou de dívida).

De natureza similar à que se propõe ao APRP, a partir do momento em que o Tribunal de Contas verifica uma irregularidade ainda não consumada, emite o alerta, que tem também o propósito de firmar a responsabilidade do gestor, determinando-lhe que se acautele.

Valendo citar, nesse sentido, Carlos Pinto Coelho Motta e Jorge Ulisses Jacoby Fernandes,[5] que, ao lecionarem sobre o ato de alerta, traduzem o fim pretendido pela criação do APRP:

> A norma do §1º do art. 59, a par de destacar a nobreza da função orientadora de controle, tem ainda a feliz iniciativa de encontrar equilíbrio entre o controle prévio e o posterior.

Conclusão

Conforme o explanado, a finalidade do APRP é justamente promover a atuação cautelar, priorizando o controle prévio e concomitante, de forma consectária ao princípio da eficiência.

Através dele, o Tribunal atua a tempo e modo, e expõe a má gestão publicamente, oportunizando, todavia, a sanação da irregularidade atacada — finalidade última a satisfazer o interesse público.

---

[5] MOTTA, Carlos Pinto Coelho; JACOBY FERNANDES, Jorge Ulisses. *Responsabilidade fiscal*: Lei Complementar nº 101 de 04.05.2000. 2. ed. Belo Horizonte: Del Rey, 2001.

Essa fisionomia do controle que coloca em primazia a ação orientadora e, apenas como instrumental e subsidiário, o caráter punitivo, hoje se confirma como ideário de todos os que devotam suas esperanças e seu labor nessa atividade.

O APRP materializará o caráter imperativo e unilateral da competência do Tribunal de Contas de assinar prazos para o cumprimento da lei, além de conferir publicidade à sua atuação, dando maior transparência ao exercício do controle externo e expondo o gestor ao escrutínio da sociedade.

Com efeito, ao emitir o APRP, o Tribunal de Contas estará, nada mais, nada menos, exercendo a competência — prevista em norma de aplicabilidade imediata e eficácia plena — que lhe foi constitucionalmente atribuída de assinar prazo para que o jurisdicionado proceda ao cumprimento da lei (art. 71, IX, CR/88).

Dessa forma, o APRP consistirá no mero exercício de poder-dever constitucionalmente atribuído ao Tribunal de contas, em outras palavras, uma imposição de meta ao jurisdicionado — obrigação imposta unilateralmente, dotada de imperatividade e eficácia executiva.

Afinal, poder extroverso do Tribunal de Contas o permite agir unilateralmente, prescindindo de intervenção do judiciário para constituir outrem em obrigações, ou para que sua determinação possua eficácia executiva.

Informação bibliográfica deste texto, conforme a NBR 6023:2002 da Associação Brasileira de Normas Técnicas (ABNT):

SIMÕES, Raquel de Oliveira Miranda; CARVALHO, Marília Gonçalves de. Auto de prazo para regularização de procedimento. *In*: GUERRA, Evandro Martins; CASTRO, Sebastião Helvecio Ramos de (Coord.). *Controle Externo*: estudos temáticos. Belo Horizonte: Fórum, 2012. p. 57-64. ISBN 978-85-7700-604-5.

ACCOUNTABILITY HORIZONTAL, PROCEDIMENTALIZAÇÃO E A FASE INTERNA DAS LICITAÇÕES, DISPENSAS E INEXIGIBILIDADES

LUÍS EMÍLIO PINHEIRO NAVES

Introdução

Este ensaio propõe estudo da fase interna dos procedimentos administrativos de licitações, dispensas e inexigibilidades, mediante a abordagem de aspectos menos afetos à doutrina jurídica administrativista. Espera-se que o desenvolvimento de proposições relacionadas e mais comumente trabalhadas por outras ciências sociais, ou seja, pela sociologia, pela política, pela administração e pela economia, possa trazer uma contribuição ao estudo do necessário formalismo hierárquico relacionado às aquisições públicas de bens e serviços, de modo a aproximar o arcabouço jurídico que as cercam da realidade que vive a sociedade brasileira.

Segundo a mais recente doutrina italiana, o Estado e o direito administrativo, hoje, se despem de suas vestes sacras e se abrem para a consensualidade e para formas de atuação pautadas pelo direito privado e, ainda, produzem abertura para a interação com as ciências econômicas e financeiras, bem como para as ciências política, estatística e social.

Vislumbra-se, nessa perspectiva, a possibilidade de construção de visão mais consistente do conteúdo normativo que cerca a fase preparatória das contratações efetuadas pelo setor público, auxiliando na interpretação dos seus objetivos e, consequentemente, na árdua tarefa de materializá-los, em termos de procedimentalização e operacionalização.

Em primeiro plano, quanto ao desenrolar dos trabalhos, apresenta-se uma visão panorâmica da vigente estrutura normativa pátria que encerra dispositivos que tratam ou influenciem a concepção de uma aquisição pública, no âmbito jurídico, orçamentário, administrativo e constitucional, para que se recupere, mesmo que minimamente, um conjunto de normas ou uma organização legislativa, que servirá de base para aproximação com conceitos trabalhados pela literatura científica diversa da literatura jurídica, mormente a de direito administrativo.

Pretende-se, em seguida, buscar na doutrina administrativista proposições sobre os aspectos relacionados ao planejamento da despesa pública, que possam ser aproximados a proposições contidas nesses outros ramos científicos, especialmente às que se relacionem à procedimentalização e controle organizacional e ao instituto da *accountability*.

Por dedução, busca-se resgatar a obrigatoriedade jurídica que têm os agentes públicos de promover a melhor motivação e a mais consistente fundamentação técnica das bases da contratação do poder público, bem como, especialmente, se demonstrar a importância que essa proposição tem no contexto literário relacionado a outras ciências sociais.

1 Visão jurídica da fase preparatória da licitação pública ou dos procedimentos de sua dispensa ou de sua inexigibilidade

1.1 Contextualização e identificação do problema

A instituição do regramento pátrio do pregão, Lei nº 10.520/2002, apresentou algumas novidades com relação à fase interna dos procedimentos das licitações, que, de certo modo, refletem certa preocupação do poder público com a qualidade e, especialmente, com a transparência na concepção da aquisição pública.

O art. 3º dessa lei, que trata da fase interna do pregão, obriga a autoridade competente a justificar, de forma expressa, nos autos do procedimento administrativo, a própria necessidade da contratação e as bases técnicas sobre as quais se fundam os critérios de habilitação e de julgamento de propostas.

Entretanto, o cotidiano da Administração Pública vive uma realidade diversa, em que, comumente, não se veem as decisões administrativas tomadas com a explicitação de fundamentos técnicos e gerenciais, especialmente as que se relacionam à necessidade e ao surgimento da despesa.

Pode-se dizer, em termos jurídicos, que a Constituição da República impõe a busca pela eficiência (art. 37, *caput*) e pela economicidade (art. 70, *caput*) no desempenho das atividades inerentes à Administração Pública. Não obstante, verifica-se, nas rotinas administrativas, analisando-se desde a concepção da despesa pública até o seu pagamento, uma preocupação especial com o cumprimento de formalidades legais atinentes à fase externa da licitação, notadamente com relação a prazos e etapas procedimentais, deixando-se em segundo plano a fase pré-processual ou interna dos procedimentos de aquisição.

O administrador público, ou quem as suas vezes o faça, não vem se preocupando em demonstrar, nos procedimentos de aquisição de bens e serviços, que a despesa é necessária, razoável, técnica e economicamente adequada, tende a ser eficiente e que está vinculada a um planejamento de governo legítimo e voltado para a efetivação de uma política pública.

Essas decisões, na forma como vêm descritas no momento procedimental oportuno, ou seja, dentro da fase preparatória da licitação, não costumam explicitar que (ou se) encerram vinculação a um projeto ou plano de governo, de modo a proporcionar à sociedade e aos órgãos de controle a sua contextualização, o que seria absolutamente desejável, vez que as aquisições públicas são destinadas, na maior parte das vezes, a prover de recursos ações integrantes de políticas públicas aprovadas em termos orçamentários, sendo o procedimento administrativo dessas aquisições um dos diversos processos que as compõem.[1]

Notícias de existência de organizações criminosas especializadas em fraudar licitações públicas se multiplicam diariamente nos meios

---

[1] "Política pública é o programa de ação governamental que resulta de um processo ou conjunto de processos juridicamente regulados – processo eleitoral, processo de planejamento, processo de governo, processo orçamentário, processo legislativo, processo administrativo, processo judicial – visando coordenar os meios à disposição do Estado e as atividades privadas, para a realização de objetivos socialmente relevantes e politicamente determinados. Como tipo ideal, a política pública deve visar à realização de objetivos definidos, expressando a seleção de prioridades, a reserva de meios necessários à sua consecução e o intervalo de tempo em que se espera o atingimento de resultados" (BUCCI, Maria Paula Dallari. *Direito administrativo e Políticas Públicas*, p. 39).

de comunicação.² Essas fraudes se dão por meio, especialmente, da manipulação de editais que direcionam o objeto licitado ou os critérios de habilitação para empresas previamente escolhidas por agentes públicos e, também, de conluio entre grupos de empresários que dividem entre si os excessos usurpados da administração pública pela manipulação dos preços praticada com afastamento da concorrência.

A falta de claras informações técnicas, gerenciais e econômicas nos procedimentos de licitação dificulta sobremaneira a responsabilização pela ocorrência dessas fraudes, e, ainda, mesmo que não haja, inviabiliza, praticamente, a avaliação da escolha da solução pretendida para as necessidades administrativas, em termos de eficiência e economicidade.

Todas essas informações, pretende-se demonstrar, se relacionam, intimamente, àquilo que, em outras ciências sociais, denomina-se *accountability*, termo reconhecidamente de difícil tradução para o português, mas que, contemporaneamente, se revela, em primeiras e gerais linhas, um anseio existente no ambiente organizacional, tanto da esfera privada, quanto da pública, de prestação de contas e de responsabilização por parte de administradores.³

Não se pode perder de vista que a possibilidade de responsabilização dos governantes está relacionada à essência da própria democracia e que o interesse maior por *accountability* se apresenta nas sociedades que se encontram em estágio democrático mais avançado, segundo Anna Maria Campos já vislumbrava em 1990.⁴ Entretanto, passados quase vinte anos, constata-se que a sociedade brasileira ainda não reúne as condições para a construção de uma verdadeira cultura de *accountability*, na visão de José Antônio Gomes de Pinho e de Ana Rita Silva Sacramento.⁵

O desenvolvimento do tema é questão premente, sendo considerado por Fernando Luiz Abrucio⁶ um dos quatro eixos estratégicos para uma agenda de modernização do Estado brasileiro.

---

² Mensalão no Congresso Nacional e nos Correios, Sanguessugas no Ministério da Saúde e Prefeituras, Mensalão do DEM no Executivo do Distrito Federal etc.
³ PINHO, José Antônio Gomes de; SACRAMENTO, Ana Rita Silva. *Accountability*: já podemos traduzi-la para o português?. *RAP – Revista de Administração Pública*, p. 1343-1368.
⁴ CAMPOS, Anna Maria. *Accountability*: quando poderemos traduzi-la para o português?. *RAP – Revista de Administração Pública*, p. 30-50, fev./abr. 1990.
⁵ PINHO, José Antônio Gomes de; SACRAMENTO, Ana Rita Silva. *Accountability*: já podemos traduzi-la para o português?. *RAP – Revista de Administração Pública*.
⁶ ABRUCIO, Fernando Luiz. Trajetória recente da Gestão Pública brasileira: um balanço crítico e a renovação da agenda de reformas. *RAP – Revista de Administração Pública*, p. 84.

Robert Behn,[7] analisando a responsabilidade dos administradores públicos, lembra que

> Administradores públicos são responsáveis por processos. E o método tradicional de *accountability* pelo processo de trabalho é relativamente linear: o Poder Legislativo estabelece regras gerais para serem seguidas em vários processos, e unidades reguladoras em várias agências do executivo codificam-nas com regulações mais detalhadas. A seguir, a agência passa a manter alguns registros, para demonstrar que segue tais processos fiel e consistentemente, podendo eventualmente emitir um relatório resumido de tais registros. Ao mesmo tempo, auditores examinam tais registros detalhadamente, verificando se todos os processos foram realmente seguidos (e detectando qualquer comportamento desonesto). Outros — jornalistas, organizações de vigilância e stakeholders — também escrutinam a agência com bastante cuidado, identificando as instâncias onde a agência falhou ao implementar seus próprios processos. E quando um padrão de erros emerge, ou um caso particularmente notório é identificado, ou um erro pequeno mas atraente é descoberto, comitês legislativos realizam audiências e adotam ações corretivas. Às vezes, as pessoas que falharam em seguir os processos prescritos são despedidas, ou sofrem medidas disciplinares. Além do mais, como tudo isso é bastante divulgado, as agências são incentivadas a atingir o cumprimento dos processos estabelecidos.

Sob essa perspectiva, poder-se-ia afirmar que o arcabouço jurídico vigente e as recentes alterações e inserções normativas que informam os procedimentos de aquisição de bens e serviços que guarnecem o setor público podem ser vistas como interessados a conferir aos atos e processos de concepção da despesa pública maior grau de *accountability*, ou seja, melhorar as condições de identificação dos responsáveis e de contextualização e avaliação das suas escolhas?

Como Sanford Borins[8] afirma: "os dois inimigos da *accountability* são os objetivos poucos claros e o anonimato".

Pretende-se analisar, por meio deste estudo, a relação dos aspectos jurídicos dos procedimentos administrativos da fase interna das licitações com os elementos integrantes da noção de *accountability* pública, no intuito de se observar as suas correlações e as suas possíveis influências recíprocas, as quais podem facilitar a compreensão, a apreensão e a aplicação, sob o aspecto prático, desse conceito.

---

[7] BEHN, Robert. O novo paradigma da Gestão Pública e a busca da *accountability* democrática. *Revista do Serviço Público*, p. 28.
[8] *Apud* BEHN, Robert. O novo paradigma da Gestão Pública e a busca da *accountability* democrática. *Revista do Serviço Público*.

1.2 Normas incidentes sobre a fase preparatória da despesa pública

Os atos e decisões que se traduzem na concepção e na descrição prévia de uma despesa pública relacionada à aquisição de bens e serviços de que o poder público necessita, invariavelmente a cargo de agentes públicos, se inserem em um contexto definido pela doutrina de direito administrativo como a fase interna ou a fase preparatória da licitação.

Adilson Abreu Dallari,[9] discorrendo sobre a motivação dos atos administrativos, ressalta:

> Cabe advertir, entretanto, que embora a fase preparatória não tenha sido incluída entre as fases do procedimento, por não integrar o procedimento administrativo licitatório, nem por isso ela é irrelevante ou despicienda. Quando se abre um procedimento licitatório, mediante a publicação de um edital, ou outro instrumento de abertura, esse instrumento de abertura pressupõe a tomada de uma série de decisões que precisam figurar, claramente, no processo, no instrumento através do qual a Administração Pública realiza essa licitação. (...) A fixação de requisitos de participação, de qualificação técnica, de critérios de julgamento não pode ser arbitrária, aleatória, injustificada. A Administração Pública é uma função, por isso não comporta o exercício de vontade individual ou psicológica. Todos os atos praticados pela Administração Pública têm um caráter instrumental, devem ter uma razão de ser, devem ter uma finalidade a atingir, e isso precisa ficar claro no processo.

Marçal Justen Filho[10] também defende a necessidade da mais ampla possível explicitação dos fundamentos da contratação pública. Segundo ele:

> Toda e qualquer licitação pressupõe ato explícito da autoridade competente, destinado a definir a necessidade da contratação. Mas a justificativa não pode compreender apenas isso e deve ser mais ampla. O ato da autoridade superior, além de apontar a necessidade da contratação, deverá avaliar a conveniência e a presença dos requisitos legais necessários à contratação.

Essas proposições de ordem jurídica contam com fortes bases legais, reforçadas, nos últimos anos, por alguns conceitos inseridos em diversos artigos da legislação.

---

[9] DALLARI, Adilson Abreu. *Aspectos jurídicos da Licitação*, 7. ed., p. 106-107.
[10] JUSTEN FILHO, Marçal. *Comentários à Lei de Licitações e Contratos Administrativos*, 14. ed., p. 73-74.

Parte-se da análise do texto constitucional, em especial, do inciso XXI do art. 37 da Constituição da República, o qual, em suma, para o que interessa ao desenvolvimento deste estudo, impõe a obrigatoriedade de procedimento administrativo de licitação para as aquisições de bens e serviços pela Administração Pública, que deverá, necessariamente, conferir igualdade de condições aos concorrentes, sendo toleradas exigências restritivas de participação somente vinculadas à garantia de efetivo cumprimento das obrigações a serem assumidas pelo particular.

O *caput* do art. 37 da Constituição, por sua vez, insere nessa dinâmica os princípios da eficiência, da impessoalidade, da moralidade e da publicidade administrativa e o *caput* do art. 70, da mesma forma, insere o princípio da economicidade.

O princípio da razoabilidade, de implícito assento constitucional, que, com relação aos atos da Administração, se confunde com o da proporcionalidade entre meios e fins, segundo Maria Silvia Zanella Di Pietro,[11] se destaca no contexto do planejamento da aquisição pública.

O princípio da razoabilidade está implicitamente previsto no inciso XXI do art. 37 da CR/88, e segundo a autora, serve de baliza à atuação discricionária da Administração, pois é medido pelo "o exame da correlação, da ligação, do vínculo, entre a decisão adotada e o objetivo a atingir". Destaca, ainda, que é "inegável a importância da motivação para demonstrar a razoabilidade da decisão; ela é necessária tanto para verificação da existência ou veracidade dos motivos invocados, como para verificação da adequação entre os motivos e o resultado obtido".[12]

No aspecto infraconstitucional, o art. 3º da Lei nº 8.666/93 reafirma a necessidade de se garantir isonomia, dispondo, ainda, que o procedimento de licitação tem por objetivo a seleção da proposta mais vantajosa para a Administração, aliando aos princípios administrativos citados os da igualdade, da probidade administrativa, da vinculação ao instrumento convocatório, do julgamento objetivo e do desenvolvimento nacional sustentável.

O inciso I do §1º desse art. 3º veda expressamente aos que chama de "agentes públicos" a admissão, a previsão, a inclusão e, até mesmo, a tolerância, nos atos de convocação, em licitações, de cláusulas que frustrem o seu caráter competitivo ou que sejam impertinentes e irrelevantes para o objeto específico do contrato, o que repercute, diretamente, na fase interna dos procedimentos licitatórios.

---

[11] DI PIETRO, Maria Sylvia Zanella. *Temas polêmicos sobre licitações e contratos*, 5. ed., p. 30.
[12] DI PIETRO, Maria Sylvia Zanella. *Temas polêmicos sobre licitações e contratos*, 5. ed., p. 31-32.

O art. 6º da Lei de Licitações, em seu inciso IX, define projeto básico, ou seja, o conjunto de elementos necessários e suficientes, com nível de precisão adequado, para caracterização de uma obra ou serviço, que deve ser elaborado, na fase interna da licitação, com fundamento em estudos técnicos preliminares que apontem a viabilidade técnica e ambiental, além da avaliação dos custos, métodos e prazos de execução.

As alíneas desse inciso detalham os elementos que devem constar nesse projeto básico, dentre os quais se destacam a exigência de clareza no desenvolvimento da solução escolhida (alínea "a"), especificações dos serviços e materiais necessários aos melhores resultados para o empreendimento (alínea "c") e orçamento detalhado (alínea "f").

O projeto executivo é conceituado no inciso X do mesmo artigo como sendo o conjunto dos elementos necessários e suficientes à execução completa da obra.

O art. 7º se destaca desse contexto, por conferir à licitação, desde sua fase interna, caráter procedimental, como ressalta Marçal Justen Filho,[13] e a procedimentalização tem início com o exame das necessidades e das alternativas das quais dispõe a Administração para satisfazê-las.

Assim, o § 2º do art. 7º determina que as obras e serviços de interesse do setor público somente poderão ser licitados quando houver projeto básico aprovado pelo que chama a lei de "autoridade competente" e que ele esteja disponível e, mais, orçamento detalhado, contemplando a composição dos custos unitários.

O inciso IV desse dispositivo prevê que o produto esperado da licitação esteja contemplado, quando for o caso, no plano plurianual de que trata o art. 165 da CR/88.

O §4º do art. 7º veda a configuração de objetos licitatórios cujos materiais ou serviços não estejam previstos em quantidades, vedando seu §5º, ainda, que eles não admitam similares.

O §6º prevê que o descumprimento do art. 7º da Lei de Licitações implica nulidade dos atos ou dos próprios contratos realizados e a responsabilidade de quem tenha dado causa, conferindo à fase interna da licitação uma importância essencial à própria eficácia e validade de todo o procedimento.

Depreende-se daí, também, a necessidade da escorreita e formal identificação de todos os agentes públicos que empenharam seus

---

[13] JUSTEN FILHO, Marçal. *Comentários à Lei de Licitações e Contratos Administrativos*, 14. ed., p. 140.

esforços nos estudos necessários para a definição das especificações dos objetos que são licitados, viabilizando a responsabilização pretendida pela norma, em casos de descumprimento dos requisitos e dos objetivos legalmente estabelecidos para a fase interna da licitação.

Muito importante consignar que o §9º determina que esses requisitos e objetivos aplicam-se, também, aos procedimentos de dispensa e inexigibilidade de licitação, ou seja, que os procedimentos administrativos que controlam essas aquisições excepcionais devem trazer as informações técnicas detalhadas que levaram à escolha do objeto a ser adquirido, bem como orçamento com custos unitários, mais a identificação dos agentes públicos responsáveis pela elaboração destes atos.

O art. 11 da Lei nº 8.666/93 estabelece padronização de obras e serviços destinados ao mesmo fim.

O art. 12 considera especiais nos projetos básicos e executivos de obras e serviços as preocupações com segurança, funcionalidade e, mais, a adequação ao interesse público e às normas técnicas e de saúde.

Para as compras públicas, o art. 14 impõe ao gestor de recursos públicos a adequada caracterização, no procedimento, do objeto a ser adquirido, sob pena de invalidade da aquisição e de responsabilização.

O art. 15 traz indicação de padronização das compras, no que se refere a especificações técnicas e de desempenho, indicando, ainda, referência ao setor privado no que diz respeito às condições de aquisição em outros órgãos e entes públicos quanto aos preços praticados.

O §7º desse dispositivo impõe a obrigatoriedade da especificação completa do bem a ser adquirido, além da utilização de técnicas de quantificação para a definição das quantidades demandadas, que, necessariamente, devem estar conectadas com as necessidades prováveis da Administração.

O art. 23, §1º, prevê a divisão do objeto em parcelas que se comprovem técnica e economicamente viáveis, buscando-se, nas licitações, o melhor aproveitamento dos recursos disponíveis no mercado e a ampliação da competitividade, observando-se a economia de escala.

Voltando-se às dispensas ou inexigibilidades de licitação, a Lei nº 8.666/93, art. 23, parágrafo único, prevê que seus procedimentos deverão ser instruídos, ainda, com a razão da escolha do fornecedor ou do executante, a justificativa do preço e os documentos de aprovação dos projetos de pesquisa aos quais os bens serão alocados.

Outros dispositivos de observação imprescindível a uma adequada condução da fase interna dos procedimentos de aquisição são os arts. 27 a 32 da Lei de Licitações, atinentes à habilitação de fornecedores interessados na participação competitiva, quais sejam: habilitação jurídica, qualificação técnica, qualificação econômico-financeira e regularidade fiscal.

Esses dispositivos são responsáveis por tormentosas discussões no âmbito doutrinário e jurisprudencial, por carregarem elevado potencial de promoção de inadequada restrição à participação de licitantes, ou seja, de se apresentarem exigências de habilitação sem justificativas ou com justificativas sem respaldo técnico ou desarrazoadas, em afronta direta ao princípio da maior competitividade possível, nos termos do art. 37, inciso XXI, da Constituição. Como visto, as exigências de habilitação na licitação devem estar absolutamente vinculadas à demonstração inequívoca de sua pertinência com relação à execução do objeto que se pretende satisfeito.

A definição dos critérios de habilitação na licitação é matéria relacionada à fase interna dos procedimentos de licitação, cujos registros devem conter elementos que possam configurar justificativas técnicas para a sua adoção. Como já visto, nos termos do inciso I do §1º do art. 3º da Lei nº 8.666/93, os responsáveis pela elaboração de cláusulas restritivas de competitividade devem ser identificados, de modo a viabilizar a responsabilização de quem frustre o caráter competitivo das licitações.

O art. 38, incisos VI e XII, da Lei de Licitações determina que os autos de procedimentos licitatórios, ou de dispensa e inexigibilidade, devem conter pareceres técnicos emitidos sobre a aquisição e, ainda, todos os demais documentos produzidos que a ela se referirem.

Por fim, quanto à confecção do edital, impõe o regulamento das licitações, art. 40, os seus requisitos, que devem ser observados pelos dele incumbidos, sendo de se destacar que o projeto básico e executivo e o orçamento detalhado devem constar em seus anexos.

São esses, em suma, os dispositivos normativos da Lei de Licitações que podem constituir um panorama sobre a fase interna dos procedimentos de aquisição pública.

Diante desse quadro, defende-se a obrigatoriedade de que a fase interna dos procedimentos de aquisição pública, em que se definem o objeto e os critérios de acolhimento de fornecedores interessados, esteja minuciosamente documentada nos autos respectivos, bem como identificados estejam os agentes públicos incumbidos de cada ato ou etapa, de modo a se viabilizarem eventuais responsabilizações.

Mais adiante, vale anotar que a criação da modalidade licitatória do Pregão se destaca, destinada à aquisições de bens e serviços denominados comuns. Esse instituto abre espaço para a instituição, pelo Decreto nº 3.555/2000, art. 8º, do que se chama de Termo de Referência, que compõe expressamente a fase interna dos procedimentos aquisitivos da União, reafirmando-lhes as necessidades de zelo, clareza e transparência por parte dos gestores de recursos públicos com a fixação do objeto licitado e dos requisitos de habilitação de interessados. Pode ser citado, nesse panorama, ainda, o instituto da Parceria Público-Privada (Lei nº 11.079/2004), que apresenta regramento especial, em certa medida, da fase interna de procedimentos, seguindo a tendência de procura de uma definição cada vez mais consistente dos objetos licitados e da habilitação dos prestadores.

Em suma, a catalogação desses dispositivos e de seus comandos revela-se útil ao desenvolvimento do estudo proposto, pois são confrontados com conceitos oriundos de outras ciências sociais, com o intuito de se verem enriquecidos de conteúdo, além de servir de um breve panorama sobre os aspectos legais que tratam da fase interna da licitação, útil, ainda, a orientar as visões executivas e as de controle sobre a controversa etapa dessa espécie de procedimento administrativo.

Não obstante, para encerramento, convém situar o panorama normativo sobre a fase interna das licitações dentro do novo contexto do direito administrativo, o qual tem, atualmente, o procedimento como o seu novo centro, segundo afirma Érico Andrade, deixando ele, com a evolução da disciplina, de ser mero acessório do ato administrativo para se tornar considerado em si mesmo.[14]

Dentre os motivos pelos quais se deu esse deslocamento ou evolução, destaca-se sobremaneira a maior abertura para a discricionariedade administrativa, a qual exige, segundo Érico Andrade, regras previamente estabelecidas pelas quais a Administração possa operar suas escolhas mediante a ponderação dos valores em jogo, e, ainda, permitir o controle da discricionariedade.

As regras, entretanto, não podem socorrer todas as espécies de funções no âmbito administrativo, pelo que se colhem da jurisprudência administrativa algumas categorias procedimentais, segundo Sabino Cassese,[15] ou mesmo *standards* ou parâmetros gerais aplicáveis, como, por exemplo, os seguintes princípios: (1) necessidade do procedimento; (2) exatidão ou "completeza"; (3) coerência ou razoabilidade; (4) imparcialidade; (5) transparência e proporcionalidade. Aliam-se, ainda, de forma assente no direito europeu, os princípios consagrados pela atuação da Corte Europeia: (6) exigência da máxima celeridade e

---

[14] ANDRADE, Érico. *O Mandado de Segurança*: a busca da verdadeira especialidade: proposta de releitura à luz da efetividade do processo, p. 298.

[15] CASSESE, Sabino, *apud* ANDRADE, Érico. *O Mandado de Segurança*: a busca da verdadeira especialidade: proposta de releitura à luz da efetividade do processo, p. 305-306.

concentração; (7) tutela cautelar; (8) tutela judicial da discricionariedade técnica.

A simples observação desses princípios, construídos pela doutrina e pela jurisprudência internacional em tempos modernos, mais a atual compreensão da centralidade do procedimento no direito administrativo revelam a importância e a absoluta urgência de se construir um efetivo e sistematizado juízo de controle sobre a atuação dos agentes públicos na condução dos atos atinentes às fases iniciais dos processos de contratação pública, de modo a se contribuir, também, para que se construa uma cada vez mais efetiva noção de *accountability*.

A desejada procedimentalização, hoje no centro do direito administrativo, como visto, diminui a discricionariedade administrativa e permite uma tutela judicial mais eficaz, em razão da transparência que proporciona, possibilitando ao juíz reconstruir o caminho decisório da autoridade.[16]

2 Procedimentalização
2.1 O modelo racional-legal da Administração

Vislumbra-se que o aprofundamento dos estudos sobre aspectos sociológicos, organizacionais, políticos e econômicos que possam ser relacionados aos procedimentos de planejamento das aquisições públicas pode conduzir a efeitos que se traduzam em maior consistência e transparência, gerando desfechos mais consentâneos com valores democráticos e republicanos.

Segundo a mais recente doutrina italiana, o Estado e o direito administrativo, hoje, se despem de suas vestes sacras e se abrem para a consensualidade e para formas de atuação pautadas pelo direito privado e, ainda, produzem abertura para a interação com as ciências econômicas e financeiras, bem como para as ciências política, estatística e social.

Nesse sentido, confira-se Sabino Cassese:[17]

> In questi anni lo Stato è stato spogliato della sua veste sacrale, sno stati analizzati i limiti interni ed esterni della sovranità, sono stati indagati i limiti dell'imperatività e il "governo con il consenso" (o, meglio, la necessità del consenso per governare), con ciò che ne è conseguito in

---
[16] ANDRADE, Érico. *O Mandado de Segurança*: a busca da verdadeira especialidade: proposta de releitura à luz da efetividade do processo, p. 312.
[17] CASSESEI, Sabino. Lo stato presente del diritto amministrativo italiano. *Rivista Trimestrale di Diritto Pubblico*, p. 398.

ordine alle embricazione tra diritto pubblico e diritto privato. È stata spostata l'attenzione del solo diritto legislativo a quello giurisprudenziale e a quello che si si forma nelle amministrazioni (le policies). Si è portata l'attenzione sulla finanza. Si sono aperti gli studi giuridici alla sicenza politica, alla statistica, all'economia e alla sociologia.[18]

Como discute Maria Paula Dallari Bucci,[19]

O desafio atual é enfrentar o problema da "esterilização" do direito público em sua função de organização das relações entre Estado, Administração Pública e sociedade, processo que resultou do seu distanciamento em relação a uma realidade cambiante e dinâmica.

Busca-se, assim, nesta etapa, resgatar alguns aspectos trabalhados, no que se refere à abordagem do tradicional modelo racional-legal de administração de organizações, especialmente, pela sociologia, que tem em Max Weber sua principal figura.

Derek S. Pugh e David J. Hickson,[20] sintetizando satisfatoriamente a obra de Max Weber, lembram que ele estudou exaustivamente as estruturas sociais baseadas em modelos de autoridade, destacando a estrutura de dominação racional-legal, que representa o modelo predominante no aparato técnico administrativo.

Segundo os autores, a racionalidade desse sistema liberta a organização dos caprichos do líder e dos procedimentos tradicionais inadequados, sendo o estágio final da despersonificação. As regras são os elementos chaves e há rígida separação entre vida pessoal e profissional. Crescem os gerentes profissionais e especialistas nos vários departamentos da organização, tornando-se um eficiente sistema de coordenação e de controle. A racionalidade é determinante para cálculo das consequências das ações.

---

[18] Tradução livre: Nestes anos o Estado se despiu da sua veste sacra, foram analisados os limites internos e externos da soberania, foram indagados os limites da imperatividade e o "governo com o consenso" (ou melhor, necessidade do consenso para governar), o que é atingido com a imbricação entre direito público e privado. Mudou a atenção do só direito legislativo para aquele jurisprudencial e aquele se forma no interior da administração (policies – palavra inglesa). Estendeu-se a atenção para as finanças. Abriram-se os estudos jurídicos para a ciência política, a estatística, a economia e a sociologia.

[19] BUCCI, Maria Paula Dallari. O conceito de Política Pública em direito. In: BUCCI, Maria Paula Dallari (Org.). *Políticas Públicas*: reflexões sobre o conceito jurídico, p. 2.

[20] PUGH, Derek S.; HICKSON, David J. *Os teóricos das organizações*, p. 41-45.

Assim, a teoria burocrática daria a sustentação para o capitalismo, em razão de facilitar a racionalidade econômica e o cálculo de longo prazo, tornando-se modelo predominante de organização.

Robert Behn,[21] recuperando os fundamentos da administração pública norteamericana, afirma que:

> A herança intelectual do atual paradigma da administração pública decorre do pensamento, escritos e proselitismo de Woodrow Wilson, Frederick Winslow Taylor e Max Weber. De fato, os três construíram a base conceitual da atual forma da maioria dos nossos governos. Wilson afirmava que a administração deveria — e poderia — ser separada da política; depois que os responsáveis pelas políticas tomassem as decisões de Estado, a tarefa de implementar tais políticas podia ser delegada àqueles bem versados na "ciência da administração", que executariam a tarefa da implementação da forma mais eficiente possível (1887). Isso seria possível porque, segundo afirmava Taylor, "entre os vários métodos e implementos utilizados em cada elemento de cada caso, existe sempre um método e um implemento mais ágil e melhor que todos os outros" (1911:25). Finalmente, Weber afirmava que a burocracia era o mais eficiente mecanismo organizacional; assim, a burocracia seria ideal para implementar os princípios científicos de Taylor.

Todos eles, Wilson, Taylor e Weber, buscavam melhorar a eficiência. E além se ser um valor em si mesmo, a eficiência tem outra vantagem. Ela é impessoal, e portanto justa. Ao separar a administração das políticas, aplicando o exame científico ao desenho do melhor processo de trabalho, e empregando organizações burocráticas para implementar esses processos, o governo garantiria não só que as políticas fossem justas, mas que sua implementação também o fosse. E, claro, a administração do governo dos Estados Unidos da América tinha de ser justa.

Max Weber, de fato, em seus preciosos estudos sobre organizações, reconhecia a estrondosa eficiência do fenômeno burocrático, sendo essa assertiva reafirmada pela história, quando se depara, hoje, com a larga adoção e vigorosa profusão desse modelo no mundo capitalista, tanto na esfera privada quanto na pública.

Richard Hall[22] propõe reestudo dinâmico do modelo racional-legal descrito Weber, por meio do destaque de uma série de dimensões nele presentes, que podem se apresentar em uma organização em

---

[21] BEHN, Robert. O novo paradigma da Gestão Pública e a busca da *accountability* democrática. *Revista do Serviço Público*.

[22] HALL, Richard. O conceito de burocracia: uma contribuição empírica. *In*: CAMPOS, Edmundo (Org.). *Sociologia da burocracia*.

maior ou menor grau, possibilitando a mensuração da intensidade de burocracia nela presente.

De toda sorte, essas dimensões sintetizam adequadamente os principais elementos integrantes do conceito de burocracia. São eles: 1. Divisão do trabalho baseada na especialização funcional; 2. Hierarquia de autoridade claramente definida; 3. Sistema de normas definidor de direitos e obrigações dos ocupantes de cargos; 4. Sistema de procedimentos que ordenam a atuação do cargo; 5. Impessoalidade nas relações interpessoais; 6. Promoção e seleção segundo a competência técnica.

A par desse reconhecido potencial de máxima eficiência e de justiça do modelo burocrático, Robert Behn[23] destaca a afirmação de que a corrupção política pode influenciar negativamente o desempenho do aparato burocrático, não obstante seja ele, segundo o modelo, destacado e independente das vontades emanadas pelos políticos.

Não se desconhece, entretanto, a pejoratividade que ganhou o termo "burocracia" em tempos recentes, transformando-se em sinônimo de ineficiência, especialmente diante da "onda neoliberal" de reformismo gerencialista encampada nos últimos 30 anos.

Entretanto, as críticas que a chamada nova gestão pública dirige ao modelo burocrático parecem direcionadas ao que já há muito a literatura organizacional qualificava como seus efeitos não pretendidos, ou disfunções, acabando, por fim, por reafirmá-lo.

Não obstante, para os objetivos deste ensaio, não se mostra cabível um aprofundamento dessa discussão, sendo, apenas, de se reafirmar algumas das características do modelo racional-legal que ainda vigoram nas diversas estruturas organizacionais e que, especificamente, repercutem na estrutura e nas normas da fase interna da licitação.

Essas características, como visto, se baseiam justamente em coordenação e controle da atividade organizacional por meio de processos racionais conduzidos por cargos, o que se baseia um sistema de normas impostas legitimamente, o que, não se pode negar, permeia a atuação organizacional, tanto na esfera pública quanto na privada.

2.2 *Accountability* horizontal

O termo *accountability* tem origem anglo-saxã e, em uma larga pincelada, em termos contemporâneos, configura-se como um elemento

---

[23] HALL, Richard. O conceito de burocracia: uma contribuição empírica. *In*: CAMPOS, Edmundo (Org.). *Sociologia da burocracia*, p. 14.

central do conceito de democracia, encerrando a ideia de que os governos e administradores devem prestar contas de seus atos.

Entretanto, em termos brasileiros, a construção desse conceito essencial na sociedade e no setor público vem se mostrando uma tarefa muito difícil, devido a fatores históricos como autoritarismo e patrimonialismo, embora tenha havido alguns avanços.[24]

Mas o desenvolvimento do tema é questão premente, sendo considerado por Fernando Luiz Abrucio[25] um dos quatro eixos estratégicos para uma agenda de modernização do Estado brasileiro.

Guillermo O'Donnell,[26] referência acadêmica sobre o tema, trabalha a distinção entre *accountability* vertical e horizontal, encerrando a primeira em um conjunto de ações individuais ou coletivas que se refiram àqueles que ocupam posições em instituições do Estado, eleitos ou não. São dimensões de *accountability* vertical as eleições, as coberturas jornalísticas e reinvindicações sociais sem o risco de coerção. Segundo o autor, centrada especialmente nas eleições, essa forma de *accountability* vertical não vêm apresentando eficácia, mesmo em países desenvolvidos.

Accountability horizontal, por sua vez, é conceituada pelo autor como

> a existência de agências estatais que têm o direito e o poder legal e que estão de fato dispostas e capacitadas para realizar ações, que vão desde a supervisão de rotina a sanções legais ou até o impeachment contra ações ou omissões de outros agentes ou agências do Estado que possam ser qualificadas como delituosas.[27]

Destaca-se nesse modelo a ideia de que essas agências estatais devem atuar em rede coordenada para conferir mínima eficácia em termos de *accountability*, sendo imprescindível a sua disposição e a sua capacitação.

É nesse contexto que se inserem, por exemplo, os Tribunais de Contas, destinatários certos, em termos de fiscalização, dos atos e efeitos produzidos no âmbito das fases internas dos procedimentos voltados para a contratação de bens e serviços promovidos pela Administração Pública.

---

[24] PINHO, José Antônio Gomes de; SACRAMENTO, Ana Rita Silva. *Accountability*: já podemos traduzi-la para o português?. *RAP – Revista de Administração Pública*, p. 1364.
[25] PINHO, José Antônio Gomes de; SACRAMENTO, Ana Rita Silva. *Accountability*: já podemos traduzi-la para o português?. *RAP – Revista de Administração Pública*, p. 84.
[26] O'DONNELL, Guillermo. *Accountability* horizontal e novas poliarquias. *Lua Nova*, p. 28.
[27] O'DONNELL, Guillermo. *Accountability* horizontal e novas poliarquias. *Lua Nova*, p. 40.

Embora seja absolutamente relevante o aprofundamento e o desenvolvimento das várias acepções e instrumentos do desiderato ou valor que se denomina *accountability*, para os estreitos objetivos deste trabalho, considera-se suficiente a noção apresentada, especialmente no que se refere ao aspecto horizontal, para o pretendido confronto com os aspectos jurídicos da licitação.

3 Aproximação das normas internas sobre a fase preparatória das licitações com aspectos do modelo racional-legal organizacional e da *accountability* horizontal

A experiência no setor público revela que os gestores públicos brasileiros não estão habituados a instruir os procedimentos de aquisição de bens e serviços com elementos técnicos nem com elementos gerenciais que possam configurar motivação suficiente para a realização das contratações, de modo a se caracterizar a necessidade, a utilidade, a adequação e os objetivos de interesse público perseguidos, bem com a máxima competitividade desejável, a justificar os consideráveis recursos empregados pelo Erário.

Na primeira parte, considera-se demonstrada a exigibilidade da presença desses pressupostos da aquisição pública sob os aspectos legais, o que, como visto, encontra amplo respaldo doutrinário.

Não obstante, Marçal Justen Filho[28] destaca a relevância jurídica da fase interna da licitação, alertando que "o cenário atual de problemas decorre, na sua esmagadora maioria, de problemas atinentes a planejamento inexistente ou inadequado da futura contratação".

Reputa o autor, entretanto, que as normas que a regulam são suficientes e adverte, ainda, que o "nó da questão está no mau exercício de competências discricionárias" o que se agrava pela "recusa" dos órgãos de controle em exercitar controle mais efetivo das escolhas concretas realizadas pela licitação.

Neste ponto, essa relevância jurídica se toca com a relevância social e com a política dos institutos, pois, tanto em um lado quanto em outro, os objetivos não têm sido alcançados.

A intenção existente por trás da lei é conferir aos procedimentos licitatórios um planejamento adequado e cuidadoso das licitações,

---

[28] JUSTEN FILHO, Marçal. *Comentários à Lei de Licitações e Contratos Administrativos*, 14. ed., p. 139.

ou seja, uma fase interna consistente, o que, notoriamente, segundo Marçal Justen Filho,[29] não vem se realizando, entre outros fatores, pela inoperância dos órgãos de controle.

As deficiências na fase interna dos procedimentos de aquisição pública repercutem de forma decisiva no seu desfecho, trazendo desdobramentos nefastos de antieconomicidade, ineficiência na execução de políticas públicas, desperdício de tempo e recursos, além de intoleráveis níveis endêmicos de corrupção.

Por outro lado, como visto, a atuação coordenada dos órgãos de controle, dispostos e capazes, é expressão de efetiva *accountability* horizontal, e esse quadro atual, indesejável, decorre, de sua flagrante ausência no país.

Depreende-se, daí, que a disseminação das noções de *accountability*, notadamente sobre a fase interna da licitação, tende a promover a construção de uma cultura no seio da Administração Pública, tanto na execução da despesa quanto no seu controle, de busca pela qualidade e pela transparência do gasto.

As premissas sobre as quais se fundamentam as afirmações de eficiência da procedimentalização também tendem a colaborar com a construção dessa cultura, uma vez que a necessária dissociação entre a decisão política e a sua execução pelo aparato administrativo-burocrático, historicamente reconhecida, segundo Érico Andrade,[30] é essencial para a maior especialização da tarefa árdua de planejamento de despesas públicas que tendem, hoje, a serem efetuadas de forma superficial, atécnica ou fraudulenta.

Por outro lado, a essência desse modelo formalista hierárquico é o controle da atividade organizacional por meio de processos executivos racionais, o que se amolda perfeitamente à noção jurídica de procedimentalização da fase interna da licitação, na doutrina de Marçal Justen Filho,[31] donde se vislumbra que os princípios da atividade burocrática, sob o enfoque sociológico, gerencial e econômico podem e devem ser aplicados em maior medida.

A propósito, para se conduzir uma efetiva fase interna da licitação, na qual se configurem objetos úteis e adequados às ali bem delineadas necessidades administrativas e, ainda, para que se formulem

---

[29] JUSTEN FILHO, Marçal. *Comentários à Lei de Licitações e Contratos Administrativos*, 14. ed., p. 140.
[30] JUSTEN FILHO, Marçal. *Comentários à Lei de Licitações e Contratos Administrativos*, 14. ed., p. 153-154.
[31] JUSTEN FILHO, Marçal. *Comentários à Lei de Licitações e Contratos Administrativos*, 14. ed., p. 140.

instrumentos convocatórios claramente isonômicos, são indispensáveis os esforços de profissionais especializados, com experiência organizacional, social ou econômica, para atuação coordenada com relação a outros incumbidos do procedimento.

Importante para a consolidação dessa cultura é que a coordenação de atuações estritamente técnicas e especializadas do aparato administrativo fique bem explicitada, ou seja, devidamente formalizada, no procedimento pertinente, de modo a propiciar aos órgãos de controle uma rápida fiscalização, o que contribui para a desejada construção de efetiva *accountability* horizontal.

Como se vê, as ações de todos os agentes envolvidos em uma fase interna de planejamento da licitação, em qualquer de suas etapas, têm mais do que razões de ordem jurídica para serem cumpridas.

A disseminação dos princípios e dos conceitos aqui trabalhados, oriundos de outras áreas das ciências sociais, sobre o tratamento, hoje insuficiente, que se dá pelos governos e pelos agentes administrativos à concepção das aquisições públicas, tem um grande potencial construtivo.

Conclusão

A tentativa de aproximação entre aspectos jurídicos referentes à fase interna das licitações e aspectos sociológicos, políticos e organizacionais inseridos nos conceitos de formalização hierárquica e de *accountability*, como proposta nesse ensaio, tem em foco a construção de uma efetiva *accountability* horizontal.

Deve-se levar em conta, nesse contexto, que os servidores públicos, em todos os níveis de governo, invariavelmente, tomam contato, cedo ou tarde, com qualquer das etapas da realização da despesa pública, o que revela um potencial grande a se contribuir para a consolidação dessa noção de interesse democrático, colaborando para a sua cristalização, além de, em última análise, viabilizar a disseminação dos anseios por transparência na implementação de políticas de governo.

Noutro giro, é certo que a doutrina brasileira de Direito Administrativo costuma deter-se mais sobre a fase externa do que sobre a fase interna dos procedimentos de aquisição de bens e serviços, o que justifica um estudo mais voltado à fase interna e preparatória, especialmente no que se refere à especialização dos responsáveis por etapas de sua condução, que devem estar racionalmente formalizadas e coordenadas.

Mais adiante, pode-se vislumbrar, ao se irrigar o aparato administrativo estatal com esses conceitos, que o zelo na concepção da despesa pode se tornar um importante instrumento para configuração de uma boa gestão pública.

Dessa forma, o formalismo inerente ao processamento da despesa pública, sob os aspectos jurídicos, organizacionais, econômicos, orçamentários e financeiros, pode propiciar a identificação de elementos capazes de indicar, no maior grau possível, se uma gestão pode ser qualificada como planejada, cautelosa, adequada, criativa, econômica, organizada, sistematizada e eficiente.

O zelo e o aprimoramento dos atos da fase interna dos procedimentos de aquisição podem auxiliar, ainda, a avaliação e o controle do próprio gestor sobre a efetividade na implementação dos programas de governo a seu encargo, sendo, pois, os elementos que integram essa fase procedimental, instrumentos concomitantes e ágeis no controle interno da Administração Pública, como previsto nos incisos I, II e IV do art. 74 da Constituição da República.

Além disso, o aperfeiçoamento dos processos de concepção da despesa pública, por meio de um diálogo que se propõe entre os seus aspectos jurídicos, sociológicos e políticos, significa elevação considerável no grau de transparência na gestão pública, tanto sob o aspecto do combate à corrupção e ao fisiologismo, quanto sob o aspecto da avaliação da capacidade técnica do gestor e de sua equipe.

O aprofundamento dos estudos sobre outros aspectos não jurídicos incidentes sobre a formação da despesa pública pode conduzir a resultados que contenham abordagens úteis ao desenvolvimento e ao aprimoramento de técnicas de avaliação da gestão de recursos públicos, especialmente no âmbito do controle dos procedimentos de aquisição de bens e serviços.

É o caminho que se vislumbra neste ensaio.

Referências

ABRUCIO, Fernando Luiz. Trajetória recente da Gestão Pública brasileira: um balanço crítico e a renovação da agenda de reformas. *RAP – Revista de Administração Pública*, Rio de Janeiro, Edição Especial Comemorativa, p. 67-86, 1967-2007.

ANDRADE, Érico. *O Mandado de Segurança*: a busca da verdadeira especialidade: proposta de releitura à luz da efetividade do processo. Rio de Janeiro: Lumen Juris, 2010.

BEHN, Robert. O novo paradigma da Gestão Pública e a busca da *accountability* democrática. *Revista do Serviço Público*, Brasília, ano 49, n. 4, out./dez. 1998.

BRESSER-PEREIRA, Luís Carlos. Os Primeiros Passos da Reforma Gerancial do Estado de 1995. Revista Eletrônica Sobre a Reforma do Estado (RERE), Salvador, Instituto Brasileiro de Direito Público, n.. 16, dezembro, janeiro e fevereiro, 2009. Disponível em: <http://www.direitodoestado.com.br/rere.asp>. Acesso em: 10 jul. 2010.

BUCCI, Maria Paula Dallari. *Direito administrativo e Políticas Públicas*. São Paulo: Saraiva, 2002.

BUCCI, Maria Paula Dallari. O conceito de Política Pública em direito. *In*: BUCCI, Maria Paula Dallari (Org.). *Políticas Públicas*: reflexões sobre o conceito jurídico. São Paulo: Saraiva, 2006.

CAMPOS, Anna Maria. *Accountability*: quando poderemos traduzi-la para o português?. *RAP – Revista de Administração Pública*, Rio de Janeiro, v. 24, n. 2, p. 30-50, fev./abr. 1990.

CASSESI, Sabino. Lo stato presente del diritto amministrativo italiano. *Rivista Trimestrale di Diritto Pubblico*, Milano, n. 2, 2010.

COELHO, Daniela Mello. *Administração Pública Gerencial e direito administrativo*. Belo Horizonte: Mandamentos, 2004.

DALLARI, Adilson Abreu. *Aspectos jurídicos da licitação*. 7. ed. São Paulo: Saraiva, 2006.

DI PIETRO, Maria Sylvia Zanella. *Temas polêmicos sobre licitações e contratos*. 5. ed. rev. ampl. 3. tiragem. São Paulo: Malheiros, 2001.

HALL, Richard. O conceito de burocracia: uma contribuição empírica. *In*: CAMPOS, Edmundo (Org.). *Sociologia da burocracia*. Rio de Janeiro: Jorge Zahar, 1978.

JUSTEN FILHO, Marçal. *Comentários à Lei de Licitações e Contratos Administrativos*. 14. ed. São Paulo: Dialética, 2010.

JUSTEN FILHO, Marçal. *Pregão, comentários à legislação do pregão comum e eletrônico*. 4. ed. São Paulo: Dialética, 2005.

O'DONNELL, Guillermo. *Accountability* horizontal e novas poliarquias. *Lua Nova*, São Paulo, n. 44, 1998. Disponível em <http://www.scielo.br/scielo.php?script=sci_arttext&pid=S0102-64451998000200003&lng=pt&nrm=iso>. Acesso em 09.12.2010.

PINHO, José Antônio Gomes de; SACRAMENTO, Ana Rita Silva. *Accountability*: já podemos traduzi-la para o português?. *RAP – Revista de Administração Pública*, Rio de Janeiro, v. 43, n. 6, p. 1343-1368, nov./dez. 2009.

PUGH, Derek S.; HICKSON, David J. *Os teóricos das organizações*. Rio de Janeiro: Qualitmark, 2004.

RUA, Maria das Graças. Análise de política públicas: conceitos básicos. *In*: RUA, Maria das Graças; CARVALHO, Maria Izabel. *O estudo da política: tópicos selecionados*. Brasília: Paralelo 15, 1998.

Informação bibliográfica deste texto, conforme a NBR 6023:2002 da Associação Brasileira de Normas Técnicas (ABNT):

NAVES, Luís Emílio Pinheiro. *Accountability* horizontal, procedimentalização e a fase interna das licitações, dispensas e inexigibilidades. *In*: GUERRA, Evandro Martins; CASTRO, Sebastião Helvecio Ramos de (Coord.). *Controle Externo*: estudos temáticos. Belo Horizonte: Fórum, 2012. p. 65-85. ISBN 978-85-7700-604-5.

CONSIDERAÇÕES SOBRE A SELEÇÃO DOS PROFISSIONAIS INTEGRANTES DO PROGRAMA DE SAÚDE DA FAMÍLIA

DÉLIA MARA VILLANI MONTEIRO

Introdução

A Constituição da República estabelece que a saúde é direito de todos e dever do Estado, que deve agir de modo a garanti-lo mediante políticas sociais e econômicas que visem à redução do risco de doença e de outros agravos e ao acesso universal e igualitário às ações e serviços para sua promoção, proteção e recuperação.

É tarefa árdua dar efetividade ao que está disciplinado na Constituição de 1988, uma vez que os brasileiros somam mais de cento de noventa milhões de pessoas, distribuídas em regiões mais ou menos desenvolvidas, com acesso ou não à infraestrutura de saneamento básico, com maior ou menor grau de instrução, o que reflete diretamente sobre maior ou menor necessidade de utilização dos serviços de saúde.

A assistência à saúde é livre à iniciativa privada, de acordo com o art. 199 da Constituição vigente. Assim, o serviço de saúde pode ser público ou privado. Este artigo procura esclarecer a forma de admissão de pessoal para integrar o Programa de Saúde da Família.

1 A implantação do Programa Saúde da Família

No Brasil, os sistemas de saúde seguiram, de forma geral, curso similar ao ocorrido em outros Países. No período do Império, o Estado se ocupava, eminentemente, do saneamento dos portos e das cidades, do controle de epidemias e endemias, tendo construído poucos hospitais próprios, basicamente militares, deixando a cargo da filantropia, *v. g.*, Santas Casas de Misericórdia, a construção e manutenção de hospitais. A medicina privada e uns poucos hospitais, em algumas cidades mais importantes do Império, somente estavam à disposição das classes mais abastadas.

No início do século XX, o Estado brasileiro ampliou suas ações de cunho higienista voltadas para a vigilância dos portos, saneamento das cidades, controle de grandes epidemias e das endemias que assolavam o País, fazendo-o na forma de campanhas sanitárias, como as promovidas por Oswaldo Cruz para sanear o Rio de Janeiro.

No final do século XX, o Sistema Único de Saúde (SUS) materializou, em consonância com os princípios e diretrizes da Constituição da República, a saúde como direito fundamental do ser humano. Consequentemente, estabeleceu a responsabilidade do Estado em prover e garantir a saúde, por meio de políticas econômicas e sociais integrativas, com base na universalidade do atendimento à população, na integralidade e na equidade, conceitos norteadores da saúde pública.

A medicina adotou por estratégia priorizar as ações de prevenção, promoção e recuperação da saúde das pessoas em geral, de forma integral e contínua. Com esse propósito, foi criado o Programa Saúde da Família (PSF) pelo Ministério da Saúde, em 1994, visando a dar efetividade aos princípios constitucionais da universalidade e da integralidade, informadores do Sistema Único de Saúde (SUS).[1]

O programa prevê atendimento, em unidades ambulatoriais, denominadas Unidades de Saúde da Família (USF), que atuam com uma ou mais equipes, a depender do número de famílias cadastradas. Cada equipe de saúde da família é composta por, no mínimo, um médico, um enfermeiro, um auxiliar de enfermagem e entre quatro e seis Agentes Comunitários de Saúde (ACS), cabendo-lhes, nos termos do Decreto Federal nº 3.189/99, desenvolver atividades de prevenção de doenças e promoção da saúde, por meio de ações educativas e coletivas, nos domicílios e na comunidade, sob supervisão. Em geral, outros profissionais de saúde também integram essas equipes básicas.

---

[1] FARIA, Horácio Pereira de *et al*. *Modelo assistencial e atenção básica à saúde*, 2. ed., p. 34-46.

A Lei nº 10.350/2006 criou a profissão de agente comunitário de saúde, cujo exercício dá-se, exclusivamente, no âmbito do SUS, estabelecendo, como requisito, entre outros, o profissional residir na área da comunidade em que atuar.

Com o apoio da Secretaria Estadual de Saúde, o Município pretendente à adesão ao PSF, após discussões no âmbito do Conselho Municipal de Saúde, elabora projeto de implantação do PSF, em que se preveem a adequação física, os recursos humanos e os equipamentos necessários para garantir o efetivo funcionamento das Unidades Básicas de Saúde.

São atribuídas responsabilidades, em cada esfera de governo, no Programa Saúde da Família: ao Ministério da Saúde, definir e rever normas e diretrizes para a implantação do PSF, entre outras; às secretarias estaduais, estabelecer estratégias de implantação, prestar assessoria técnica aos Municípios; e, na ponta, às secretarias municipais, executar e gerenciar o PSF e selecionar, contratar e remunerar os componentes das equipes profissionais, entre outras atribuições.

A Saúde da Família é entendida como uma estratégia de reorientação do modelo assistencial, operacionalizada mediante a implantação de equipes multiprofissionais em unidades básicas de saúde. Essas equipes são responsáveis pelo acompanhamento de um número definido de famílias, localizadas em uma área geográfica delimitada. As equipes atuam com ações de promoção da saúde, prevenção, recuperação, reabilitação de doenças e agravos mais frequentes e na manutenção da saúde dessa comunidade.

Adotada no Brasil como elemento fundamental para a organização do modelo de atenção do SUS, a estratégia de Saúde da Família teve seu início com a instituição do programa de agentes de saúde ocorrida no Ceará no final dos anos 80 e que foi concebida, entre outras coisas, para ser um elo entre a comunidade e os serviços de saúde. Aconteceu, a princípio, em municípios com grande extensão rural e poucos recursos para realizar suas ações de saúde. Essa experiência permitiu mais veiculação de informações importantes para as ações de vigilância e para a própria organização da atenção à saúde nos municípios, favorecendo a gestão dos processos de descentralização e regionalização do SUS. Tornou-se política oficial do Ministério da Saúde em 1991, com a criação do Programa de Agentes Comunitários de Saúde (PACS) em todo o território nacional.

Em 1994, tendo como referência as experiências desenvolvidas em países como Canadá, Cuba e Inglaterra e em função dos bons resultados obtidos com o PACS, criou-se o PSF, que institui uma equipe mínima e uma nova lógica para o processo de trabalho em saúde, em equipe, visando a um modelo centrado nos problemas dos indivíduos e suas famílias. O PSF significou a adoção de uma postura mais ativa dos serviços de saúde frente aos riscos e danos aos quais se viam submetidas as populações dos territórios sob sua responsabilidade.[2]

A edição da Norma Operacional Básica do SUS nº 1, em 1996, enfatizou a Atenção Básica à Saúde, como eixo estruturante do modelo, ao adotar o PSF como estratégia fundamental na organização das ações de atenção básica. O PSF foi apoiado por meio de uma política de financiamento que, a partir de sua vigência, em 1998, criou incentivos para a implantação nos Municípios, em todo o território nacional.

Atuando no espaço da Atenção Básica à Saúde (ABS), a estratégia saúde da família apresenta-se como uma proposta substitutiva ao formato anterior de organização dos serviços de saúde, com dimensões técnicas, políticas e administrativas inovadoras. Assume um conceito ampliado de saúde que visa à compreensão do processo saúde/doença "na sociedade" e não apenas "no corpo" das pessoas. Elege como pontos centrais a responsabilização por um determinado território e, por meio de ações inter e multiprofissionais, busca a criação de laços de compromisso entre os profissionais e a população. Nessa perspectiva, toma a família como objeto precípuo da atenção, entendida a partir do meio onde vive e das relações ali estabelecidas, destacando a história de organização de cada sociedade e as diversas estruturas sociais e culturais dela decorrentes.

A estratégia saúde da família tem, como objetivo maior, potencializar a reorientação do processo de trabalho e das ações que constituem o modelo de atenção proposto pelo SUS no âmbito da ABS, buscando ampliá-las e garantir-lhes mais efetividade. Como objetivo específico, reconhecer a saúde como um direito de cidadania e resultante das condições de vida; estimular a participação da comunidade para o efetivo exercício do controle social; intervir sobre os riscos aos quais as pessoas estão expostas; estabelecer ações intersetoriais voltadas para a promoção da saúde; prestar, nas unidades de saúde e nos domicílios, assistência integral, contínua e humanizada às necessidades da população da área, de forma a propiciar o estabelecimento de vínculo entre equipe e usuários.[3]

Por recomendação do Ministério da Saúde, cada equipe de saúde da família deve responsabilizar-se por, no mínimo, 2.400 pessoas e, no

---

[2] FARIA, Horácio Pereira de et al. *Modelo assistencial e atenção básica à saúde*, 2. ed., p. 38-39.
[3] FARIA, Horácio Pereira de et al. *Modelo assistencial e atenção básica à saúde*. 2. ed.

máximo, 4.000. Assim, a depender do número de habitantes do território, pode haver mais de uma equipe em uma unidade. Esse critério não é rígido e pode ser flexibilizado, a depender de fatores como densidade populacional, acessibilidades aos serviços e outros considerados de relevância local.

A visita domiciliar é uma ação importante no sentido de promover a reorientação do modelo de atenção, na medida em que inverte a lógica dos serviços de saúde, que até então apresentavam postura passiva ao esperar que os usuários procurassem de maneira voluntária pela via da demanda espontânea às unidades de saúde. Em geral, são realizadas pelos ACS e, de forma planejada, pelos demais profissionais da equipe de Saúde da Família.

A estratégia Saúde da Família pressupõe o trabalho em equipe como uma forma de consolidar a proposta de mudança do modelo. No modelo tradicional o trabalho ocorria, quase que exclusivamente, por meio de consultas individuais, em número fixo, desagregadas por área de conhecimento — medicina, enfermagem, odontologia, tendo o corpo doente como objeto e a cura como objetivo.

No trabalho em equipe, todos os profissionais passam a ter responsabilidade sobre os problemas trazidos pelos usuários, tanto no seu planejamento como na organização da atenção. Assim, todos se implicam com a condução das ações, do diagnóstico até a resolução, por meio do estabelecimento dos fluxos por onde passarão os usuários. Os diferentes profissionais, que não perdem seus núcleos de conhecimento e atuação, se organizam para receber, ouvir, resolver e encaminhar os usuários, permitindo mais eficiência, eficácia e resolubilidade aos serviços das unidades de Saúde da Família.

2 A escolha dos profissionais integrantes das equipes

De acordo com o Ministério da Saúde, a chamada "equipe mínima" é composta de um médico, um enfermeiro, um auxiliar de enfermagem e quatro a seis agentes comunitários de saúde. As Portarias nº 1.444/GM/2000 e nº 267/GM/2001 do Ministério da Saúde formalizaram e regulamentaram a criação das equipes de saúde bucal. No entanto, outros profissionais poderão ser incorporados de acordo com a demanda e a disponibilidade dos serviços de saúde em nível local. Essas equipes são responsáveis pela população e, preferencialmente, deverão residir no Município onde atuam e com dedicação mínima de 40 horas semanais.

Com respeito à arregimentação dos profissionais das equipes de saúde da família, o Ministério da Saúde, mediante guias de orientação sobre o PSF, prevê a possibilidade de contratação direta, pelos Municípios, precedida de concurso público, ou de contratação indireta, por meio de contratos de gestão, firmados com organizações sociais (OS), ou mediante termos de parceria, celebrados com organizações da sociedade civil de interesse público (OSCIP), pessoas jurídicas de direito privado, qualificadas, respectivamente, nos termos das Leis nº 9.637/98 e nº 9.790/99.

Orienta, ainda, o Ministério da Saúde, sobre as etapas que antecedem a contratação dos profissionais das equipes de saúde da família, independentemente da modalidade, direta ou indireta: o recrutamento de interessados, com anúncios em jornais e revistas de grande circulação e outros meios; e a seleção, ou identificação dos candidatos mais aptos a desempenhar as tarefas estabelecidas, observados o perfil adequado e a qualificação técnica. A propósito, prescreve que:

> Existem variadas formas de seleção que habitualmente podem ser usadas isoladamente ou em conjunto: prova dissertativa ou subjetiva; prova objetiva, de múltipla escolha, contemplando o aspecto da assistência integral à família (do recém-nascido ao idoso), com enfoque clínico epidemiológico; prova prática de atendimento integral à saúde familiar e comunitária, ou prova teórico-prática de descrição do atendimento a uma situação simulada; entrevista; análise de currículo, visando mensurar o preparo e a experiência do profissional em relação às atividades do PSF.

A prescrição do Ministério da Saúde, tal como redigida e tomada isoladamente, parece admitir que as contratações sejam feitas mediante mera entrevista ou análise curricular, o que não se coaduna com o ordenamento jurídico, notadamente com o art. 37, inciso II, da Constituição da República, que exige, na hipótese de contratação na modalidade direta, aprovação em concurso público de provas, ou de provas e títulos, como requisito para acesso a cargos e empregos no âmbito da Administração Pública.

Na modalidade indireta, não poderia figurar Organização Social ou OSCIP como mera pessoa interposta, para viabilizar a contratação de pessoal, sem concurso público. Se isso ocorre, tem-se, na verdade, contratação direta, com mera aparência de contratação indireta, com a formação dos elementos do vínculo laboral diretamente com o órgão tomador do serviço.

É preciso, portanto, que o Ministério da Saúde faça a adequação de seus manuais à exigência constitucional de contratação mediante seleção pública, para a modalidade direta. Pois,

A simples terceirização, por meio de contrato precedido de licitação para uma empresa fornecedora de mão-de-obra, é inviável por ser inadmissível para o Ministério Público do Trabalho, que considera ilegal este tipo de terceirização para atividades finalísticas do Poder Público.

Cumpre trazer à colação o disposto no próprio art. 198, da Constituição da República, com a redação determinada pela Emenda nº 51/2006:

§4º Os gestores locais do sistema único de saúde poderão admitir agentes comunitários de saúde e agentes de combate às endemias por meio de processo seletivo público, de acordo com a natureza e complexidade de suas atribuições e requisitos específicos para sua atuação. (*Incluído pela Emenda Constitucional nº 51, de 2006*)

§5º Lei federal disporá sobre o regime jurídico, o piso salarial profissional nacional, as diretrizes para os Planos de Carreira e a regulamentação das atividades de agente comunitário de saúde e agente de combate às endemias, competindo à União, nos termos da lei, prestar assistência financeira complementar aos Estados, ao Distrito Federal e aos Municípios, para o cumprimento do referido piso salarial. (*Redação dada pela Emenda Constitucional nº 63, de 2010*)

A própria redação da Constituição da República demonstra que os agentes comunitários de saúde e agentes de combate às endemias seriam admitidos para exercer o serviço público. Na verdade, a conclusão que se afigura mais escorreita é a de que a Constituição da República não definiu o vínculo, tanto que o art. 198, §5º, da Carta Republicana, assevera que é a lei federal que dispõe sobre o regime jurídico e a regulamentação das atividades desses agentes.

Conclui-se que, não tendo sido definida a natureza do vínculo na própria Constituição, mas, somente, na legislação infraconstitucional, segue que esses servidores são disciplinados pela Lei nº 11.350/2006:

Art. 8º Os Agentes Comunitários de Saúde e os Agentes de Combate às Endemias, admitidos pelos gestores locais do SUS e pela Fundação Nacional de Saúde – FUNASA, na forma do disposto no §4º do art. 198 da Constituição, submetem-se ao regime jurídico estabelecido pela Consolidação das Leis do Trabalho – CLT, salvo se, no caso dos Estados, do Distrito Federal e dos Municípios, lei local dispuser de forma diversa.

No que concerne ao instituto do processo seletivo público, cumpre mencionar que a Lei nº 11.350/2006, que regulamentou o disposto no art. 198, §5º, da Constituição de 1988, estatuiu que os agentes comunitários devem ser recrutados por processo seletivo público de provas ou de provas e títulos. De acordo com José dos Santos Carvalho Filho:[4]

A Emenda Constitucional nº 51, de 14.2.2006, introduzindo o §4º ao art. 198 da CF, consignou que os agentes comunitários de saúde e os agentes de combate às endemias podem ser recrutados pelos gestores locais do sistema único de saúde através de processo seletivo público, de acordo com a natureza e a complexidade de suas atribuições e requisitos para seu desempenho, estendendo-se o alcance da norma à contratação direta por Estados, Distrito Federal e Municípios, ressalvadas leis especiais desses entes. À primeira vista, tal processo seletivo não seria o mesmo que o concurso público de provas e títulos, assim como previsto no art. 37, II, da CF, parecendo ter-se admitido procedimento seletivo simplificado – exceção ao princípio concursal. A legislação regulamentadora, porém, aludiu a processo seletivo de provas ou de provas e títulos, o que espelha o concurso público. A expressão empregada no novo texto, além de atécnica, só serviu para suscitar dúvida no intérprete: na verdade, bastaria que o Constituinte se tivesse referido simplesmente ao concurso público — instituto já com definição própria e imune a tais dúvidas.

Celso Antônio Bandeira de Mello complementa:[5]

Registre-se que a Emenda Constitucional nº 51, de 14.2.2006, incluiu um §4º no art. 198, por força do qual ficou prevista a admissão de agentes comunitários de saúde e agentes de combate a endemias mediante *processo seletivo público*. Ninguém sabe exatamente o que seja "processo seletivo público". Esta expressão surgiu para designar, no passado, o concurso efetuado para admissão a empregos (isto é, quando se tratava de cargos a serem providos). Hoje, como se viu, a Constituição exige concurso público tanto para cargos quanto para empregos. Tais procedimentos eram mais céleres, menos burocratizados que o costumeiro nos concursos públicos, mas é impossível precisar com rigor quais as diferenças, em relação a eles, suscetíveis de serem aceitas sem burla ao princípio da impessoalidade. Assim, quando a Emenda 51 — tecnicamente lastimável — fala em "processo seletivo público", ter-se-á de entender que não poderia revogar a igualdade de todos perante a lei (cláusula pétrea, por se alojar entre os direitos e garantias individuais, conforme o art. 60, §4º, IV, da CF) e, *a fortiori*, perante as possibilidades

---

[4] CARVALHO FILHO, José dos Santos. *Manual de direito administrativo*, p. 559.
[5] BANDEIRA DE MELLO. *Curso de direito administrativo*, 24. ed., p. 272.

de ingresso no serviço público. Logo, o tal processo seletivo terá de apresentar características similares às de um concurso público, podendo apenas simplificá-lo naquilo que não interfira com a necessária publicidade, igualdade dos concorrentes e possibilidade de aferirem a lisura do certame. Será obrigatório, ainda, que as provas ou provas e títulos guardem relação com a natureza e a complexidade do emprego.

De todo modo, o procedimento de seleção, uma vez regulamentado, deve seguir os princípios da isonomia, impessoalidade, publicidade, controle público, objetividade de critérios e exigências, do regime jurídico analogicamente incidente sobre o concurso público. De acordo com Marçal Justen Filho:[6]

> O regulamento do concurso deverá estabelecer todos os critérios para o julgamento, de modo que a avaliação do desempenho dos interessados se faça segundo critérios objetivos predeterminados. A objetividade consiste na eliminação de julgamentos subjetivos, fundados em impressões, preferências ou concepções puramente individuais dos julgadores. (...)
>
> Deve-se ter em vista que o concurso público é um procedimento orientado à discriminação entre indivíduos. Ou seja, trata-se de uma atuação administrativa que busca identificar as diferenças entre os diversos indivíduos para o efeito de atribuir a eles tratamento diferenciado correspondente e proporcional. (...)
>
> Para assegurar a objetividade e a isonomia, é imprescindível respeitar a publicidade. Isso significa a necessidade de o concurso público ser antecedido de ato convocatório ao qual se reconheça a mais ampla publicidade, nele se estabelecendo todas as condições de participação, os critérios de julgamento e o modo de sua promoção. (...)
>
> O controle público é da essência do concurso público. Significa que a realização do concurso público envolve o interesse coletivo, e todos os integrantes da comunidade têm interesse na condução ilibada e perfeita do concurso. Por isso, estão autorizados a acompanhar todos os atos pertinentes ao concurso, inclusive formulando pedidos de esclarecimento quanto a fatos relevantes. (...)
>
> O concurso visa a selecionar os indivíduos titulares de maior capacitação para o desempenho das funções públicas inerentes aos cargos ou empregos públicos. Isso impõe um vínculo de pertinência e adequação entre as provas realizadas e as qualidades reputadas indispensáveis para o exercício de funções inerentes ao cargo ou emprego. (...)
>
> A eleição de critérios restritivos objetivos reflete uma presunção absoluta (nunca uma ficção) no sentido de que os sujeitos que não preencherem

---

[6] JUSTEN FILHO. *Curso de direito administrativo*, 4. ed., p. 743-749.

os requisitos editalícios não disporão de condições de satisfazer as necessidades do aparato estatal. Cabe ao regulamento do concurso definir tais critérios, mas a validade da sua adoção depende da existência ou de disciplina legal ou de uma regra de conhecimento subordinando o desempenho de uma atividade a certas exigências. O requisito de participação deve ser adequado e necessário, sendo compatível com os valores constitucionais fundamentais. Assim se impõe em vista da natureza instrumental do concurso público. É o meio de selecionar as pessoas dotadas de melhores condições de desempenhar as atribuições inerentes a determinado cargo público.

3 A adequação do processo seletivo simplificado para a seleção de agentes comunitários de saúde e agentes de combate a endemias

Apesar de criticado pelos maiores doutrinadores nacionais, o processo seletivo simplificado pressupõe um certame com a utilização de critérios especiais, não, simplesmente, menos exigentes de seleção. O ordenamento jurídico brasileiro contempla a possibilidade de seleção dos ACS e ACE utilizando esse modelo. Observe-se a Lei nº 11.350/2006:

> Art. 9º A contratação de Agentes Comunitários de Saúde e de Agentes de Combate às Endemias deverá ser precedida de processo seletivo público de provas ou de provas e títulos, de acordo com a natureza e a complexidade de suas atribuições e requisitos específicos para o exercício das atividades, que atenda aos princípios de legalidade, impessoalidade, moralidade, publicidade e eficiência.

A utilização do processo seletivo não deve ser entendida como uma forma de facilitar o acesso de pessoas não qualificadas nos quadros do PSF. Ao contrário, o que se espera é exatamente recrutar agentes com determinado perfil, propositalmente escolhido em virtude dos atributos da função que vão exercer. A Lei nº 11.350/2006 estabelece os requisitos para os candidatos:

> Art. 6º O Agente Comunitário de Saúde deverá preencher os seguintes requisitos para o exercício da atividade:
> I - residir na área da comunidade em que atuar, desde a data da publicação do edital do processo seletivo público;
> II - haver concluído, com aproveitamento, curso introdutório de formação inicial e continuada; e

III - haver concluído o ensino fundamental.

(...)

§2º Compete ao ente federativo responsável pela execução dos programas a definição da área geográfica a que se refere o inciso I, observados os parâmetros estabelecidos pelo Ministério da Saúde.

Art. 7º O Agente de Combate às Endemias deverá preencher os seguintes requisitos para o exercício da atividade:

I - haver concluído, com aproveitamento, curso introdutório de formação inicial e continuada; e

II - haver concluído o ensino fundamental.

Como se pode verificar, não é a aprovação no processo seletivo o único requisito necessário para a admissão dos ACS e ACE. E mais, deve-se lembrar que o PSF vai trabalhar com a população mais pobre e mais carente. Assim, é importante que os agentes morem na região, conheçam os problemas da população e tenham afinidade com as pessoas que vão atender. Dessa forma, os candidatos aprovados no ensino fundamental estarão aptos a participar da seleção, desde que morem na região. Outro requisito, a ser verificado após a seleção, é o aproveitamento satisfatório no curso de formação inicial e continuada, ou seja, a reprovação do candidato significa a sua eliminação do processo.

Como mencionado acima, o PSF busca a criação de laços de compromisso entre os profissionais e a população, toma a família como objeto precípuo da atenção, levando em consideração a história de organização de cada sociedade e as diversas estruturas sociais e culturais dela decorrentes.

Os dizeres de Marçal Justen Filho sobre o concurso público aplicam-se perfeitamente ao aspecto que se defende nesse artigo:

> O que é inadmissível é a discriminação arbitrária e injustificada. É indispensável que os critérios de discriminação dos candidatos sejam estabelecidos em vista do desempenho apresentado, considerando o fim a que se destina o concurso. Ademais, o concurso público é norteado pelo princípio da isonomia, o que significa a aplicação do princípio da proporcionalidade. Ao elaborar o regulamento, o Estado deverá identificar as virtudes desejáveis para o futuro ocupante do cargo público. Essa identificação deverá tomar em vista as atribuições do cargo, a responsabilidade daí derivada e outras características que podem alcançar inclusive a capacitação física indispensável. Em vista dessas virtudes, serão estabelecidos requisitos de participação e critérios de julgamento, que devem apresentar cunho instrumental em vista daquelas virtudes. A validade dos requisitos de participação e dos critérios de julgamento

depende da adequação e da necessidade em vista das virtudes desejáveis para o futuro servidor público, tal como a compatibilidade da exigência com os valores constitucionais fundamentais. (...)

O emprego do processo seletivo simplificado para a seleção de ACS e ACE é instrumental adequado para selecionar profissionais para a execução das atividades previstas para os cargos em comento. Como observa-se na Lei nº 11.350/2006:

> Art. 3º O Agente Comunitário de Saúde tem como atribuição o exercício de atividades de prevenção de doenças e promoção da saúde, mediante ações domiciliares ou comunitárias, individuais ou coletivas, desenvolvidas em conformidade com as diretrizes do SUS e sob supervisão do gestor municipal, distrital, estadual ou federal.
>
> Parágrafo único. São consideradas atividades do Agente Comunitário de Saúde, na sua área de atuação:
>
> I - a utilização de instrumentos para diagnóstico demográfico e sóciocultural da comunidade;
>
> II - a promoção de ações de educação para a saúde individual e coletiva;
>
> III - o registro, para fins exclusivos de controle e planejamento das ações de saúde, de nascimentos, óbitos, doenças e outros agravos à saúde;
>
> IV - o estímulo à participação da comunidade nas políticas públicas voltadas para a área da saúde;
>
> V - a realização de visitas domiciliares periódicas para monitoramento de situações de risco à família; e
>
> VI - a participação em ações que fortaleçam os elos entre o setor saúde e outras políticas que promovam a qualidade de vida.
>
> Art. 4º O Agente de Combate às Endemias tem como atribuição o exercício de atividades de vigilância, prevenção e controle de doenças e promoção da saúde, desenvolvidas em conformidade com as diretrizes do SUS e sob supervisão do gestor de cada ente federado.

O entendimento de que se deve obediência ao comando legal, nesse caso, leva em consideração a ruptura do paradigma do Direito atrelada à concepção do positivismo estrito. Deve-se atentar para novas e complexas demandas, principalmente, para estabelecer o ponto de equilíbrio entre a segurança das relações jurídicas e a justiça. O modelo de Estado Democrático de Direito impõe a busca de decisões justas e racionais em que se prestigiem os direitos fundamentais. É exatamente por isso que a utilização do processo seletivo para a escolha de ACS e ACE está de acordo com o princípio da proporcionalidade que deve informar as decisões no Estado Democrático.

Não se justificaria a utilização de procedimento mais complexo, *v. g.*, utilizado nos concursos públicos de provas ou de provas e títulos, para a escolha de profissionais com alta capacidade intelectual. Mais importante é o candidato ter escolaridade básica e pertencer ao meio sociocultural das pessoas que serão atendidas. Considerando que as atribuições dos ACS e ACE são de monitoramento, educação voltada para a saúde, estímulo à adesão da família às políticas públicas, dentre outras, os requisitos exigidos mantêm coerência e proporcionalidade com o que vai ser executado.

4 A necessidade de seleção de profissionais de nível superior e médio por concurso público

Ao contrário do que foi defendido para a seleção dos ocupantes dos cargos de ACS e ACE, há imprescindibilidade de concurso público de provas e títulos para a escolha dos profissionais da área de saúde com profissão regulamentada. Com nível médio, é o caso dos enfermeiros, nutricionistas, dentre outros. Com nível superior, os médicos, odontólogos, tecnólogos em radiologia, psicólogos e outros mais.

O rigor da seleção mediante concurso público de provas e títulos deve-se ao comando do art. 37, inciso II, da Constituição da República, a Constituição Cidadã, que, coerente com a implantação do Estado Democrático de Direito, estabeleceu o acesso ao serviço público com base no mérito. Em razão da meritocracia, a escolha seja realizada entre os melhores profissionais dentro de suas respectivas áreas.

5 Distinção entre processo seletivo simplificado e concurso público

A Constituição da República estabelece que o acesso aos cargos e empregos públicos deve ser realizado de forma isonômica. Para tanto, é preciso destacar os candidatos que mais se adéquam aos critérios de seleção objetivos, postos pelo edital. Nesse sentido, a Carta de 1988 determina que a discriminação dos mais aptos seja feita por meio de concurso público. No entanto, a Lei nº 11.350/2006 refere-se ao processo seletivo, que deve ser entendido como espécie do gênero concurso público, aplicável às situações que a lei assim o permitir.

Tanto no concurso público quanto no processo seletivo, a objetividade e a isonomia compreendem também a impessoalidade, no sentido de vedar qualquer preferência de cunho subjetivo, vinculada à identidade do candidato e aos vínculos que ele apresente com autoridades, agentes estatais, partidos políticos e outros. O processo seletivo simplificado e o concurso público devem obrigatoriamente ser estruturados de modo a impedir qualquer vantagem ou desvantagem relacionada a fatores pertinentes ao relacionamento do candidato com terceiros ou com instituições. Isso significa que, constatada a existência de algum vínculo indevido, devem ser adotadas providências destinadas a neutralizar qualquer efeito que essa relação possa gerar.

Conclusão

O emprego do processo seletivo simplificado para a seleção de ACS e ACE é instrumental adequado para selecionar profissionais para a execução das atividades previstas para as respectivas funções, como previsto na Lei nº 11.350/2006.

O modelo de Estado Democrático de Direito impõe a busca de decisões justas e racionais em que se prestigiem os direitos fundamentais. É exatamente por isso que a utilização do processo seletivo para a escolha de ACS e ACE está de acordo com o princípio da proporcionalidade que deve informar as decisões no Estado Democrático.

Ao contrário do que foi defendido para a seleção dos ocupantes das funções de ACS e ACE, há imprescindibilidade de concurso público de provas e títulos para a escolha dos profissionais da área de saúde com profissão regulamentada.

Todos os princípios aplicáveis ao concurso público aplicam-se igualmente ao processo seletivo. O que diferencia um e outro são os critérios de escolha, mais exigentes, no concurso, e menos, no processo seletivo, em função dos objetivos diferentes que ambos visam atingir.

Referências

ARAÚJO, Edmir Netto de. *Curso de direito administrativo*. São Paulo: Saraiva, 2005.

BANDEIRA DE MELLO, Celso Antônio. *Curso de direito administrativo*. 24. ed. São Paulo: Malheiros, 2007.

BULOS, Uadi Lammêgo. *Curso de direito constitucional*. 3. ed. São Paulo: Saraiva, 2009.

CARVALHO FILHO, José dos Santos. *Manual de direito administrativo*. 18. ed. Lumen Juris: Rio de Janeiro, 2007.

CARVALHO, Kildare Gonçalves. *Direito constitucional*: teoria do Estado e da Constituição: direito constitucional positivo. 15. ed. Belo Horizonte: Del Rey, 2009.

DI PIETRO, Maria Sylvia Zanella. *Direito administrativo*. 22. ed. São Paulo: Atlas, 2009.

FARIA, Horácio Pereira de et al. *Modelo assistencial e atenção básica à saúde*. 2. ed. Belo Horizonte: Nescon/UFMG; Coopmed, 2010. 68 p. Disponível em: <http://www.nescon.medicina.ufmg.br/biblioteca/imagem/1792.pdf>. Acesso em: 06 set. 2010.

GASPARINI, Diogenes. *Direito administrativo*. 14. ed. rev. São Paulo: Saraiva, 2009.

JUSTEN FILHO, Marçal. *Curso de direito administrativo*. 4. ed. São Paulo: Saraiva, 2009.

MAIA, Márcio Barbosa; QUEIROZ, Ronaldo Pinheiro de. *O regime jurídico do concurso público e o seu controle jurisdicional*. São Paulo: Saraiva, 2007.

MEDAUAR, Odete. Administração Pública e o direito administrativo nos 20 anos da Constituição. *In*: MARTINS, Ives Gandra; REZEK, Francisco (Coord.). *Constituição Federal*: avanços, contribuições e modificações no processo democrático brasileiro. São Paulo: Revista dos Tribunais, 2008.

MEDAUAR, Odete. *Direito administrativo moderno*. 11. ed. São Paulo: Malheiros, 2007.

MEIRELLES, Hely Lopes. *Direito administrativo brasileiro*. 29. ed. São Paulo: Malheiros, 2004.

MENDES, Gilmar Ferreira; COELHO, Inocêncio Mártires; BRANCO, Paulo Gustavo Gonet. *Curso de direito constitucional*. 2. ed. São Paulo: Saraiva, 2008.

MORAES, Alexandre de. *Direito constitucional*. 21. ed. Atlas: São Paulo, 2007.

SILVA, José Afonso da. *Curso de direito constitucional positivo*. 22. ed. São Paulo: Malheiros, 2003.

TAVARES, André Ramos. Os princípios fundamentais na Constituição de 1988: estudo de sua evolução em 20 anos. *In*: MARTINS, Ives Gandra; REZEK, Francisco (Coord.). *Constituição Federal*: avanços, contribuições e modificações no processo democrático brasileiro. São Paulo: Revista dos Tribunais, 2008.

Informação bibliográfica deste texto, conforme a NBR 6023:2002 da Associação Brasileira de Normas Técnicas (ABNT):

MONTEIRO, Délia Mara Villani. Considerações sobre a seleção dos profissionais integrantes do programa de saúde da família. *In*: GUERRA, Evandro Martins; CASTRO, Sebastião Helvecio Ramos de (Coord.). *Controle Externo*: estudos temáticos. Belo Horizonte: Fórum, 2012. p. 87-101. ISBN 978-85-7700-604-5.

PONDERAÇÕES QUANTO AO JULGAMENTO DE MÉRITO DO PROCESSO DE INSPEÇÃO-LICITAÇÃO

ANDRÉ LUÍS LOPES FARINELLI
JOSÉ CUPERTINO DE OLIVEIRA SILVEIRA
LETÍCIA FLÁVIA ALBERGARIA SILVA NICOLAI

Seguindo a inevitável transformação que o amplo conceito da sustentabilidade impõe, a administração pública voltada para resultados traz a necessidade de modernização da atuação do controle externo, primando pela verificação não só da legalidade e conformidade, mas, sobretudo, da legitimidade, eficiência e economicidade dos gastos públicos.

A natural adaptação que tal modelo acarreta faz surgir duas medidas de atuação, uma que inova e outra que atualiza processos de controle iniciados e desenvolvidos sob o enfoque preexistente.

Isso deflagra desafios e dificuldades para resolução de processos que têm por objeto a análise de irregularidades licitatórias ocorridas após longo decurso de tempo, sendo certo que, quanto mais antigos, maiores as lacunas referentes à materialidade das falhas apontadas, no que essas concernem, quais as lesões ao interesse público encobrem e quais os indícios e comprovações existem efetivamente nos autos, para que se apure, acima de todo exame formal, o cometimento de desvio ou dano ao erário.

Além dos atributos envolvidos na análise e julgamento de mérito dos fatos ocorridos há mais de cinco anos, a possibilidade de óbito do gestor, bem como outros obstáculos à execução e, sobretudo, a possibilidade da ocorrência do fenômeno prescricional, impõem celeridade às medidas a serem tomadas para a conclusão processual, como postulado ao exercício das competências constitucionais da Corte de Contas.

O objeto deste estudo são os processos decorrentes de auditorias e inspeções realizadas em órgãos e entidades públicas, com a finalidade de comprovação da legalidade dos atos administrativos praticados e o cumprimento das disposições legais, especialmente quanto à Lei nº 8.666/93, procedendo-se à análise das despesas sujeitas à realização de procedimentos licitatórios.

Realizada pesquisa, em 22.9.2011, no Sistema Gerencial de Administração de Processos (SGAP), referente ao período de setembro de 2009 a setembro de 2011, verificou-se o total de 362 processos decorrentes de inspeções que têm — ou tiveram — como objeto de análise, a matéria licitatória. Tal levantamento teve como critério a pesquisa textual da expressão "INSPEÇÃO AND LICITAÇÃO" na guia "Assunto Processo". Por oportuno, pontua-se que alguns processos, com esse mesmo objeto de análise, não puderam ser incluídos na pesquisa por terem sido autuados sob outras naturezas ou por não ter havido referência aos termos "inspeção" e "licitação", na guia utilizada.

Do quantitativo, 31 processos encontram-se conclusos ao relator, 58 estão no Ministério Público de Contas, 141 na unidade técnica competente, 35 em diversas unidades setoriais, como secretarias, coordenadorias etc., e 97 já se encontram arquivados.

As inspeções foram determinadas, em sua maioria, nos anos de 1999 e 2004, de acordo com o plano de inspeção da Corte de Contas mineira, o que gerou um quantitativo aproximado de 214 processos, com escopo referente aos exercícios de 1996 a 1998, e 65 processos relativos aos exercícios de 2002 e 2003, levando em conta os processos da relatoria atual do Conselheiro Sebastião Helvecio, ressalta-se.

Cabe observar que esse universo, embora diminuto face à gama de competências do Tribunal de Contas, revela características pontuais, que servem de ponto de partida para o desenvolvimento sistemático de um modelo de análise crítica para emissão de voto.

São processos, em sua quase totalidade, que tiveram análise de conformidade com a Lei nº 8.666/93, em síntese. Pouco se verifica, em grande parte desses autos, materialidade quanto a falhas inerentes à legitimidade, economicidade ou execução dos contratos firmados, ou seja, quanto à regularidade das despesas realizadas.

Considerando que o objeto desses processos retrata falhas concernentes a contratação direta irregularmente praticada (ausência de licitação), procedimentos licitatórios eivados de irregularidades e falhas de controle interno, cabe, inicialmente, a verificação da efetividade do controle após o longo decurso de tempo.

É cediço, hodiernamente, que o controle, para ser efetivo, deve ser recente ou, preferivelmente, de forma concomitante, e, ainda, ser eficiente, atentando para a verificação de resultados *versus* economicidade, ou seja, deve ter custo e benefício razoável.

Importante obtemperar sobre as dificuldades de avaliação de resultado, quando o foco é o interesse público, sejam os resultados decorrentes de políticas públicas ou de medidas de controle.

Menos precária tal avaliação, se se tratar de benefício destinado a determinado público-alvo ou, amplo senso, ao resguardo do tesouro. Assim, quanto ao ressarcimento por desvio de recursos ou dano ao erário, a competência da Corte de Contas, por força constitucional, se faz indeclinável.

Há casos, entretanto, que as ações de controle não apuram indícios de irregularidade material ou, ainda, falhas de natureza grave, capazes de ter prejudicado o exame técnico das despesas. Constata-se falhas que não trouxeram prejuízos à análise de execução e economicidade das contratações examinadas, podendo acarretar somente medida sancionatória, no caso, multa, por atos de má gestão.

Sendo esse o formato final da instrução processual, caberá verificar se as falhas apuradas, observados os princípios da razoabilidade e proporcionalidade, sobretudo após longo transcurso de tempo, justificarão tal medida, sob o crivo da efetividade e eficiência.

Tal medida de controle tem a possibilidade de ser efetiva quando a execução da decisão, no caso de multa, não restar prejudicada por óbito do gestor responsável à época. E, por oportuno, cabe justificar a eficiência de tal medida, quando a dedução do resultado pedagógico e do valor da multa a ser recolhida estiver além dos custos inerentes ao prosseguimento processual e à execução da decisão final.

Para tanto, a partir do que se encontra nos autos, resta traçar um perfil relativo à gravidade das falhas apontadas, valores envolvidos e tempo transcorrido desde a apuração. Sempre importante verificar qual a incidência dessas falhas sobre a materialidade das contratações, ou seja, sobre a economicidade e execução das despesas, transcendendo o exame da estrita legalidade.

Sendo o desvio de recursos ou o dano ao erário a persecução máxima do controle externo *a posteriori*, deve-se observar que, embora a fraude licitatória seja, via de regra, revestida de inobservâncias ou descumprimentos da lei, esses, por si só, não podem ser julgados como tal. Ainda que consideradas de natureza grave, as formalidades legais descumpridas não poderão ser reprimidas em seu efeito, com o ressarcimento dos valores envolvidos, a menos que se faça um juízo comprovado de antieconomicidade da contratação e ou, sobretudo, da não comprovação das despesas realizadas, mediante controle da execução.

Em suma, é necessário verificar se alguma parcela do objeto foi paga e não foi cumprida ou se alguma irregularidade demonstra que houve contratação que exorbita os valores de mercado.

Cabe, ainda, mencionar o exame de legitimidade da contratação, como fator de malversação do dinheiro público. É indispensável verificar se o objeto mostra-se desnecessário ou injustificável ao interesse público, podendo exemplificar tal situação a aquisição de medicamentos, alimentos ou outros produtos perecíveis que, pela falta de planejamento e destinação, irão se tornar inutilizáveis.

Isso posto, passa-se ao exame da instrução processual, que, nos termos do art. 140, §1º, do Regimento Interno atual, compreende as providências necessárias à elucidação dos fatos e apuração de responsabilidades, devendo o relatório da unidade técnica competente ser conclusivo, contendo os fatos, a fundamentação e a sugestão das recomendações, consoante art. 141 da norma regimental.

Apesar das dificuldades de se apurar, efetivamente, dano ao erário, as irregularidades graves podem e devem ser reprimidas, uma vez considerados os valores envolvidos e a falta de elementos verificadores da boa gestão, como a devida formalização de procedimento necessário para embasar contratação direta,[1] por exemplo.

A conduta administrativa, procedida à época da contratação, no sentido de atender aos princípios da legalidade, moralidade, finalidade e economicidade é palpável, à medida em que se observa o formalismo necessário na elaboração de pressupostos legítimos à consecução do objeto a ser contratado.

A amplitude do objeto, vultosidade dos recursos dispendidos e o embasamento das contratações[2] são elementos essenciais para análise das irregularidades cometidas. O valor do somatório de contratações no

---

[1] Lei nº 8.666/93, art. 26.
[2] Documentos do procedimento formal de contratação e de liquidação da despesa, nos termos do art. 63, §2º, da Lei nº 4.320/64, quais sejam, o contrato ajuste ou acordo respectivo; a nota de empenho; e os comprovantes da entrega do material ou da prestação efetiva do serviço.

período analisado pode ser alto, referindo-se a várias contratações de menor expressão (valores menores ou objetos corriqueiros) ou de uma contratação de grande valor, para contratação de objeto amplo, difícil de especificar e de quantificar as prestações efetivamente realizadas, como sistemas gerenciais, por exemplo. Nesse último caso, a legitimidade da contratação do objeto, a competitividade e a economicidade da despesa deverão ser sopesadas.

Outro fator de ponderação, em conjunto com os valores de contratação, seria o tempo transcorrido desde os fatos apurados, em se tratando de irregularidades que resultem em pena de multa, ressaltado o risco de impossibilidade da execução ou de exorbitância de seus custos.

Considera-se, ainda, o momento em que determinadas irregularidades foram cometidas, pelo fato de alguns temas, à época, não possuírem a devida orientação, dado o caráter recente da legislação aplicável.

Nos dias atuais, a análise de apontamento técnico relativo a descumprimento legal busca nexo com prejuízos explícitos aos princípios da licitação, da ampla competitividade e da economicidade, desdobramentos nem sempre verificáveis após longo decurso de tempo, sendo antieconômica e ineficaz a determinação de diligência instrutória para atual verificação.

Dessa forma, e por diversas outras razões, a verificação tardia dificulta a conclusão sobre atos antigos, sendo patente a disparidade entre a evolução do sistema de controle e a insubsistência de alguns apontamentos, o que força considerar que determinados processos padecem de ausência de pressupostos de constituição e desenvolvimento válido.[3]

Em certos casos, a manifestação da parte interessada traz certo lume às implicações dos atos verificados na inspeção. Dessa forma, outro fator sopesado é a conduta do gestor responsável ao ser chamado à ampla defesa, pois mesmo na ausência de comprovação de dano ao erário, as falhas cometidas poderão ensejar o julgamento pela irregularidade, com aplicação de multa, por má gestão.[4]

Consideradas essas questões, retorna-se ao juízo de oportunidade do prosseguimento dos autos, com julgamento de mérito, pela irregularidade dos procedimentos com aplicação de multa, em face de falhas que não resultaram em indícios ou comprovação de dano ao erário, atentando-se para custo e benefício de tal medida.

---

[3] Art. 176, III, do RITCEMG.
[4] Art. 250, III, do RITCEMG.

Tal juízo decorre da ponderação de alguns valores, quais sejam, as contratações em tela, valores, gravidade das irregularidades e decorrência de prejuízos ao erário, tempo dos fatos, postura do gestor quanto à prestação de esclarecimentos cabíveis, e outros mais, já que a sensibilidade e o senso de investigação não permitem esgotar esse rol de aspectos verificáveis.

Tocante à gravidade das irregularidades, busca-se o nexo entre o descumprimento legal cometido e a afetação aos princípios constitucionais e licitatórios consagrados, notadamente da licitação e da seleção da proposta mais vantajosa para a Administração, com primazia da legitimidade, finalidade e eficiência (eficácia e economicidade) dos gastos públicos.

O desenvolvimento do ente fiscalizado (população, expressividade econômica, arrecadação etc.) também influi na ponderação de valores, uma vez que determina existência de maior ou menor capacitação do *staff* administrativo da unidade fiscalizada, podendo determinadas falhas ser mais ou menos toleradas. Desse modo, a título de exemplo, a aquisição de uniformes para toda a guarda municipal, sem formalização de termo contratual, não pode ser considerada irregularidade de somenos importância, quando se trata de Município contratante, detentor de população acima de 370.000 habitantes. Em Município de pequena expressividade, tal falha não será grave na mesma proporção.

Sendo a conduta do gestor passível de pena de multa, para arbitramento do valor da penalidade, leva-se em conta o valor das contratações irregularmente praticadas, ou decorrentes de procedimentos licitatórios irregulares, em conjunto com a gravidade das violações cometidas, em observância aos princípios da proporcionalidade e razoabilidade na aplicação da pena.

À ausência de levantamento preciso dos custos de tramitação e de execução dos julgados pela Advocacia Geral do Estado, com acompanhamento do Ministério Público junto ao Tribunal de Contas, tem-se por base a Decisão Normativa nº 2/2010, que fixa em R$5.000,00 o valor mínimo para encaminhamento, à Corte de Contas, Tomada de Contas Especial instaurada, para julgamento.

Por analogia, em função do cometimento de irregularidades licitatórias, tem-se por razoável evitar os custos de cobrança e de execução, quando se tratar de multa de valor inferior a R$5.000,00.

Também como parâmetro, tem-se que o art. 236, III, da Resolução nº 10/96,[5] prevê multa no valor de até 50% do montante, referido no

---

[5] Regimento Interno do TCEMG anterior, mais benéfico ao réu, que estabelece percentual de até 50% do valor máximo previsto no *caput*.

caput, de 48.890 Unidades Fiscal de Referência (UFIR). Portanto, o valor da multa seria limitado a 24.445 UFIRs, algo em torno de R$26.017,24.

Tomando-se por base os valores de contratações, as multas vêm sendo arbitradas na proporção de 10% sobre os montantes ajustados sem a realização da licitação devida e 6% sobre os acordos firmados mediante procedimentos licitatórios eivados de irregularidade. Observe-se, entretanto, que tais percentuais podem variar conforme as nuances do processo, inclusive, sendo escalonados à razão de dois (5% e 3%, no caso) ou de quatro (2,5% e 1,5%), quando os valores em questão representarem quantias de alta monta. A medida tem função nos casos em que o valor da multa superaria o limite previsto no art. 236, III do Regimento Interno aplicável, qual seja R$26.017,24.

Por oportuno, conclui-se que o valor da multa deverá ser arbitrado entre R$5.000,00 e R$26.017,24, aproximadamente.

No intuito de se demonstrar tais considerações, de maneira fática, observa-se o quadro a seguir, onde é possível verificar as principais falhas cometidas, valores envolvidos, período de referência e respectiva decisão, bem como a data de sessão/publicação do julgamento.

(continua)

Processo nº	Período	Valor	Sessão/Publicação
688151	jan/2003 a fev/2004	R$174.519,94	02.12.2010

Irregularidades: contratação direta indevida por inexigibilidade de licitação; ausência de razão da escolha do fornecedor ou executante e de justificativa do preço; ausência de prazos contratuais para início da prestação; pagamentos antecipados aos contratados; ausência de verificação de compatibilidade do valor contratado com o preço de mercado; publicação do contrato e pagamento à contratada anterior a sua assinatura.
Decisão: irregular, com aplicação de multa ao responsável no valor de R$8.055,76.

| 740633 | jan/2005 a dez/2006 | R$117.008,76 | 13.05.2010 |

Irregularidades: a duração do contrato ultrapassou a vigência dos créditos orçamentários; aquisição de itens excedentes não licitados; ausência de justificativa para alteração dos valores de aquisição e de cláusula de reajustamento de preços; ausência de estimativa de gasto de combustível; convite sem abertura de processo administrativo, com indicação do objeto e de recursos para a despesa; ausência de pesquisa de preços; proposta da contratante em desacordo com o convite, uma vez que não apresentou valores por item, somente valor global.
Decisão: irregular, com aplicação de multa às responsáveis no valor de R$7.112,78 e R$2.953,87.

(continua)

Processo nº	Período	Valor	Sessão/ Publicação
743416	2001 e 2002	R$744.725,83	22.09.2011

Irregularidades: ausência de controle interno para manutenção dos veículos municipais, com informações relativas a preços e quantitativos de peças; aquisição de peças automotivas, óleo diesel, computadores, impressoras, suprimentos de informática e materiais de escritório sem o devido processo licitatório; cancelamento de despesas processadas e pagas; serviços de táxi sem programação e sem licitação; contratação de empresa para prestação se serviços de consultoria em saúde básica, tendo como sócio servidor municipal, falha no controle interno que impossibilitou verificar a efetiva aplicação dos materiais elétricos e de construção adquiridos.
Decisão: irregular, com aplicação de multa no valor de R$ 16.894,52.

611154	1996	R$453.799,46	03.03.2011

Irregularidades: ausência de numeração do processo licitatório, da indicação do recurso para acobertar a despesa, da rubrica dos licitantes nos documentos e propostas, do ato de designação da Comissão de Licitação, da minuta do contrato, da publicação do resultado do julgamento das propostas e do extrato do contrato firmado; não foi observado o prazo legal para interposição de recursos; dispensa de prova de regularidade com a Seguridade Social e com o FGTS; ausência de estimativa do consumo global de combustível para a adoção da modalidade de licitação adequada; inobservância do prazo mínimo de cinco dias úteis entre a entrega dos convites e o recebimento das propostas; ausência de cláusulas contratuais essenciais.
Decisão: arquivamento.
Observações: a maioria das despesas referiram-se a contratações de menor valor; apesar da modalidade licitatória indevida para a aquisição de combustível, não houve apontamento de antieconomicidade, inexecução ou desvio de finalidade. Apesar da Decisão da Segunda Câmara pela irregularidade e multa, proferida em 24.06.2008, restou prejudicada sua execução, em razão do óbito do responsável, em 22.06.2007.

638468	1995	R$170.367,90	24.03.2011

Irregularidades: ausência de processo administrativo autuado e protocolado, contendo a autorização respectiva, a indicação sucinta de seu objeto e do recurso próprio para a despesa; ausência de ato de designação da Comissão de Licitação; ausência da ata de julgamento e do ato de adjudicação do objeto e homologação da licitação; não foi observado o prazo legal para interposição de recursos; ausência do original de propostas e da documentação que as instruíram; ausência da minuta do contrato; não consta prova de regularidade com a Seguridade Social e com o FGTS, bem como rubrica nos documentos e propostas dos licitantes presentes e da Comissão de Licitação; a Prefeitura não tem setor de compras; não existe cadastro de fornecedores e de preços dos produtos habitualmente adquiridos.
Decisão: arquivamento, sem resolução de mérito.
Observações: além do decurso de tempo, as despesas referem-se a várias contratações corriqueiras e de menor valor, não havendo nenhuma contratação de alto valor ou objeto amplo que demonstrasse obscuridade quanto ao uso dos recursos utilizados. As falhas não foram reiteradas nos vários procedimentos analisados. Apontamentos com maior abrangência formal, ausentes indícios de irregularidade tocante à execução e à economicidade das contratações.

(conclusão)

Processo nº	Período	Valor	Sessão/Publicação
743472	2005	R$23.063,00	28.04.2011

Irregularidades: as compras não foram divulgadas mensalmente; ausência de cadastro informatizado de preços dos principais produtos e serviços consumidos; o contrato não foi publicado; não consta do contrato o número referente ao processo licitatório, bem como esse não foi apresentado durante a inspeção; o contrato não possui cláusula contendo o crédito pelo qual ocorrerá a despesa, com indicação da classificação funcional programática e da categoria econômica; não foram apresentadas, durante a execução contratual, certidões de regularidade fiscal junto ao INSS e FGTS; despesas de táxi, no valor de R$8.563,00, efetuadas sem a realização de processo licitatório.
Decisão: arquivamento, sem resolução de mérito.
Observações: valor de contratações não vultoso, o ato fiscalizatório abrangeu poucas contratações, apesar do período de referência mais recente, os apontamentos abrangeram aspectos de legalidade, sem verificações ou conclusões relativas à economicidade e execução das despesas.

738470	jan/2005 a jul/2007	R$259.170,87	09.06.2011

Irregularidades: não designação de servidor responsável para gerenciamento, acompanhamento e fiscalização das obras; não elaboração do diário de obras ou livro de ocorrências.
Decisão: arquivamento.
Observações: quanto à execução dos objetos licitados e economicidade das contratações, a equipe técnica informou que os quantitativos executados estavam compatíveis com os medidos e os preços compatíveis com os valores de mercado.

735971	jan/2005 a dez/2006	R$65.390,00	15.09.2011

Irregularidades: o edital e o contrato não foram ratificados pela assessoria jurídica; ausência de publicação dos resultados das fases de habilitação e julgamento das propostas; não houve publicação do extrato resumido do contrato; descumprimento de cláusula por parte do contratado e não aplicação de penalidade por parte do contratante; ausência de minuta do contrato, anexa ao edital; ausência de termo de contrato formalizado.
Decisão: arquivamento.
Observações: equilíbrio na ponderação de valores, quais sejam, decurso de tempo aproximando do prazo prescricional, valor de contratações não vultoso, apontamentos com maior abrangência formal, que não trouxeram indícios de irregularidade tocante à execução e à economicidade das contratações.

Da ponderação de princípios aplicada, cabe ressaltar a busca pela verdade material,[6] como corolário da ação atuante do Tribunal de Contas no resguardo dos recursos públicos.

É importante frisar que embora as irregularidades levantadas neste estudo sejam comuns em vários processos, cada qual é analisado de forma individualizada, de acordo com suas peculiaridades. São considerados os elementos aqui apresentados, bem como outros, impossíveis de se enumerar, que orientam no julgamento final, garantindo a aplicação dos princípios previstos em lei.

Entretanto, do levantamento sistemático desse estudo, também considerando outros exemplos práticos e sem pretender esgotar as possibilidades, sintetiza-se:

1 Principais falhas cometidas (quesito materialidade)

- Contratações diretas por dispensa ou inexigibilidade de licitação indevidamente adotada.
- Contratações diretas por dispensa ou inexigibilidade, sem a observância do devido procedimento,[7] contendo a caracterização da situação emergencial ou calamitosa, quando for o caso, a razão da escolha do fornecedor ou executante e a justificativa do preço contratado.
- Contratações de objeto amplo, de difícil quantificação.
- Indícios de fraude na montagem do procedimento licitatório (publicação, pagamento à contratada anterior à vigência do contrato; abertura de envelopes fora da data prevista; ata de julgamento sem assinatura dos licitantes presentes etc.).
- Fracionamento da despesa para burlar o princípio licitatório ou a adoção da modalidade licitatória adequada.
- Falta de planejamento e estimativa de demanda dos produtos ou serviços comumente consumidos ou contratados.
- Indícios de afronta ao princípio da ampla competitividade, mediante contradições na composição social, endereço e outros dados das licitantes.

---

[6] Art. 104, RITCEMG.
[7] Art. 26, parágrafo único, da Lei de Licitações.

- Indícios de contratação fraudulenta ou com valores acima dos de mercado, quando o objeto social da contratada for amplo, muito diverso, com atividades destinadas à prestação indistinta de serviços à Administração Pública (exemplo: fornecimento de materiais de escritório, informática, lanches, contratação de shows artísticos, limpeza, conservação, transporte etc.).
- Ausência de termo contratual, ajuste ou acordo, nota de empenho e os comprovantes da entrega de material ou da prestação efetiva do serviço.

2 Principais elementos a serem considerados e verificados nos julgamentos das irregularidades

- Se o objeto não foi integralmente cumprido.
- Se as contratações estão acima dos valores de mercado.
- Se houve competitividade nos certames licitatórios, com a contratação da proposta mais vantajosa para a administração.
- Decurso de tempo dos fatos.
- Se atos de má gestão, por falhas formais que não resultem em indícios de dano ao erário, devem ser reprimidos, observados os princípios da razoabilidade, proporcionalidade, racionalização administrativa e eficiência da medida de controle.

Apesar dessas premissas, o foco do controle deve ser sempre atualizado, buscando-se aprimorar os métodos às novas tendências, com o devido nexo entre as finalidades da boa administração e as formas previstas, produzindo-se, o quanto antes, resultados oportunos.

Importante destacar o controle concomitante como fórmula modernizadora das ações de controle externo, tornando-as mais ágeis e eficientes. Nesse contexto, o Tribunal de Contas de Minas Gerais vem, gradativamente, direcionando esforços ao fortalecimento de tal forma de controle.

Na busca de melhores resultados, maior celeridade e racionalização na geração de processos, a Resolução nº 10/2011 dispõe sobre a política de fiscalização integrada, que se apoiará na utilização de tecnologia da informação e em cruzamento de dados e informações, especialmente por meio de elaboração de malhas eletrônicas de fiscalização.

Nesse passo, é possível atuar no momento em que o ato administrativo é produzido, criando, assim, condições de se antecipar às práticas de má gestão e seus efeitos, evitando-se ou reduzindo irregularidades.

Importante observar que, muitas vezes, o controle realizado após o ato consumado e produzidos os seus efeitos, se limita em individualizar o responsável e impor a pena de multa, sem o devido reparo dos danos cometidos ao erário, por ausência de elementos caracterizadores suficientes, restando prejudicado o interesse público.

Informação bibliográfica deste texto, conforme a NBR 6023:2002 da Associação Brasileira de Normas Técnicas (ABNT):

FARINELLI, André Luís Lopes; SILVEIRA, José Cupertino de Oliveira; NICOLAI, Letícia Flávia Albergaria Silva. Ponderações quanto ao julgamento de mérito do processo de inspeção-licitação. *In*: GUERRA, Evandro Martins; CASTRO, Sebastião Helvecio Ramos de (Coord.). *Controle Externo*: estudos temáticos. Belo Horizonte: Fórum, 2012. p. 103-114. ISBN 978-85-7700-604-5.

CONTROLE INTERNO

SIMONE MATTA DE MIRANDA ALCÂNTARA

Introdução

O presente trabalho refere-se ao estudo do Controle Interno, instrumento de fundamental importância para assegurar a fidedignidade dos registros e demonstrativos contábeis, contribuir para que os objetivos da administração pública sejam alcançados, sem desperdícios ou desvios, além de servir de ferramenta para apoiar, resguardar e dar segurança ao administrador público nas tomadas de decisão.

Será feita uma abordagem histórica e conceitual do controle, proceder-se-á à sua classificação, à vista das diferentes espécies existentes, tratar-se-á dos dispositivos legais atinentes à matéria e se demonstrará a relevância, importância e contribuição do Controle Interno nas diversas áreas que abrange.

Ao final, na conclusão do trabalho, verificar-se-á que o tema revela-se bastante prático e útil no cotidiano do gestor público, além de ser uma ferramenta que contribui com a atual tendência de responsabilidade, equilíbrio e transparência das contas públicas.

1 Controle da Administração Pública

É controversa a etimologia da palavra controle, merecendo, segundo Odete Medauar,[1] maior crédito a explicação atribuída a Giannini, segundo a qual o vocábulo teria origem no "latim fiscal medieval". O termo *contrerole* vem da contração das palavras francesas *contra* e *rotulum*, cujo significado denota rol, relação de contribuintes a ser verificada pelos exatores.

Para Evandro Martins Guerra,[2] foi a partir de 1611 que o termo teve sua acepção mais próxima da atual, aproximando-se da acepção de domínio, governo, fiscalização, verificação.

Esclarece que o aparecimento do termo na língua portuguesa deu-se em 1922, significando ato ou efeito de controlar, monitorização, fiscalização ou exame minucioso obediente a determinadas expectativas, normas, convenções etc. No Direito brasileiro, o termo vem sendo empregado desde 1941, tendo aparecido pela primeira vez na obra *Controle dos Atos Administrativos pelo Poder Judiciário*, de autoria do insigne Miguel Seabra Fagundes.

Explica o professor:

> Controle, como entendemos hoje, quer dizer; inspeção, exame, acompanhamento, verificação, exercida sobre determinado alvo, de acordo com certos aspectos, visando averiguar o cumprimento do que já foi predeterminado ou evidenciar eventuais desvios com fincas de correção, decidindo acerca da regularidade ou irregularidade do ato praticado. Então, controlar é fiscalizar emitindo um juízo de valor.
>
> Em síntese, controle da Administração Pública é a possibilidade de verificação, inspeção, exame pela própria Administração, por outros Poderes ou por qualquer cidadão, da efetiva correção gerencial de um Poder, órgão ou autoridade, no escopo de garantir atuação conforme aos modelos desejados e anteriormente planejados, gerando uma aferição sistemática. Trata-se, na verdade, de poder-dever, já que, uma vez determinado em lei, não poderá ser renunciado ou postergado, sob pena de responsabilização por omissão do agente infrator.[3]

Há de se considerar que a sociedade atual dá sinais de maior interesse pelos gastos do governo, cobra melhor aplicação dos recursos

---

[1] *Apud* JACOBY FERNANDES, Jorge Ulisses. *Tribunais de Contas do Brasil*: jurisdição e competência, p. 31.
[2] GUERRA, Evandro Martins. *Os Controles Externo e Interno da Administração Pública*, 2. ed., p. 89.
[3] GUERRA, Evandro Martins. *Os Controles Externo e Interno da Administração Pública*, 2. ed., p. 90.

públicos, que sejam eivados de legalidade, transparência, eficiência e eficácia; que haja nas operações estatais responsabilidade fiscal e, em caso de má utilização dos recursos do povo, sejam responsabilizados os infratores. No Brasil, o próprio governo já promove algumas ações no sentido de atender a esse interesse, como é o caso do Portal da Transparência, em que são demonstrados os gastos e emprego dos recursos públicos, além de páginas em que usuários da internet promovem a divulgação das contas públicas.

O Controle Interno, ou autocontrole, "quando a própria instituição pública procede à verificação dos seus atos", na definição de Márcio Ferreira Kelles,[4] vem juntamente com o controle externo e o controle social, entre outras modalidades de controle, contribuir para a fiscalização do poder público, atendendo aos reclames dos tempos atuais, afim de que se tenha uma Administração mais justa e democrática.

Domingos Poubel de Castro[5] compreende que a atividade de controle vinculada, inicialmente, às finanças das empresas, pode também ser aplicada às finanças pessoais, pois o equilíbrio do orçamento individual depende do controle que se tem sobre os gastos, de forma a mantê-lo compatível com a receita. Tal princípio consolidou-se na Administração Pública que, com muito mais razão, deve manter o controle orçamentário por tratar-se de recurso da sociedade, gerido por agentes públicos em favor da própria coletividade.

Segundo o autor, o controle é visto como um instrumento da democracia que traz à luz a Declaração dos Direitos do Homem e do Cidadão, de 1890, que dispõe em seu art. 15: "A sociedade tem o direito de pedir contas a todo agente público sobre sua administração". Nessa linha, considera o controle como um dos quatro princípios da administração e que tinha como função "controlar o trabalho, para se certificar de que o mesmo está sendo executado de acordo com as normas estabelecidas e segundo o plano previsto". Explica que, historicamente, os parlamentares atribuíram a si mesmos o poder de definirem as prioridades na aplicação de recursos orçamentários arrecadados da sociedade, ficando, inclusive, com a responsabilidade de acompanhar, fiscalizar e controlar a ação do poder executivo no uso desses recursos,

---

[4] KELLES, Márcio Ferreira. *Controle da Administração Pública democrática*: Tribunal de Contas no controle da LRF, p. 198.

[5] CASTRO, Domingos Poubel de. *Auditoria e Controle Interno da Administração Pública*: evolução do Controle Interno no Brasil: do Código de Contabilidade de 1922 até a criação da CGU em 2003; guia para atuação das auditorias e organização dos controles internos nos Estados, municípios e ONGs, p. 27.

assim como avaliar os resultados alcançados, sendo essa atribuição, afinal, uma das mais importantes funções dos parlamentares, além de formularem as leis.[6]

Conclui que, enfim, se chegou a um equilíbrio necessário entre legislativo e executivo, ficando a cargo do primeiro a autorização e a priorização dos gastos e ao segundo, a responsabilidade pela sua execução. O controle dos gastos públicos, modernamente difundido, "coloca frente a frente os dois poderes; ocasionando daí a divisão do controle em interno e externo. O externo, em defesa da sociedade ou do investidor e o interno, fundamental para a organização e seus dirigentes".[7]

Conforme o Guia de Implantação do Sistema de Controle Interno na administração pública:[8]

> A institucionalização e implementação do Sistema de Controle Interno não é somente uma exigência das Constituições Federal e Estadual, mas também uma oportunidade para dotar a administração pública de mecanismos que assegurem, entre outros aspectos, o cumprimento das exigências legais, a proteção de seu patrimônio e a otimização na aplicação dos recursos públicos, garantindo maior tranquilidade aos gestores e melhores resultados à sociedade.

Leciona Evandro Martins Guerra,[9] no artigo intitulado "Estruturação do sistema de Controle Interno: Unidade Administrativa Independente":

> Os controles interno e externo são instrumentos que o Estado dispõe para garantir a probidade e a eficiência nas ações governamentais, assim como a transparência na gestão pública, visando ao atendimento dos interesses coletivos.

Segundo o autor, foi a partir da década de 60 que foram dados os primeiros passos no sentido da institucionalização do Controle Interno,

---

[6] CASTRO, Domingos Poubel de. *Auditoria e Controle Interno da Administração Pública*: evolução do Controle Interno no Brasil: do Código de Contabilidade de 1922 até a criação da CGU em 2003; guia para atuação das auditorias e organização dos controles internos nos Estados, municípios e ONGs, p. 28.

[7] CASTRO, Domingos Poubel de. *Auditoria e Controle Interno da Administração Pública*: evolução do Controle Interno no Brasil: do Código de Contabilidade de 1922 até a criação da CGU em 2003; guia para atuação das auditorias e organização dos controles internos nos Estados, municípios e ONGs, p. 34.

[8] MATO GROSSO. Tribunal de Contas do Estado. *Guia para implantação do Sistema de Controle Interno na Administração Pública*, p. 36

[9] GUERRA, Evandro Martins. Estruturação do sistema de Controle Interno: unidade administrativa independente. *Fórum de Contratação e Gestão Pública – FCGP*.

devido ao grande crescimento estrutural do Estado e à ampliação das suas funções, tendo sido a Lei nº 4.320, de 17 de março de 1964, em seus arts. 75 a 80, a pioneira ao introduzir as expressões controle externo e interno, além de definir-lhe as respectivas atribuições, sem, no entanto, estabelecer vínculo entre eles.

E foi o Estatuto Político de 1967 que prescreveu, em seu art. 71, I, que uma das atribuições do Controle Interno era propiciar condições indispensáveis para a eficácia do controle externo, restando constitucionalizado o sistema de Controle Interno com a promulgação da Constituição da República de 1988.

Luiz Henrique Lima,[10] ao tratar da matéria dispõe que a situação de exterioridade caracteriza três hipóteses de controle, o jurisdicional, o político e o técnico. O primeiro, exercido pelos Poderes Judiciários (Federal e Estadual), tem fundamento no art. 5º XXXV, da Constituição Cidadã. Apresentam-se como instrumentos para o seu exercício a ação popular, a ação civil pública, o mandato de segurança, o mandado de injunção, o *habeas corpus* e o *habeas data*.

O segundo, de competência do Poder Legislativo, conta como instrumentos para o exercício do controle político, as comissões parlamentares de inquérito (CPIs), as convocações de autoridades, os requerimentos de informações e a sustação de atos do Poder Executivo que exorbitem do poder regulamentar ou dos limites de delegação legislativa, conforme inciso V do art. 49 da Constituição da República, e, para finalizar, o controle técnico, exercido pelos órgãos de controle externo.

Neste trabalho, a classificação de controle será tratada à frente, no item 4, em que se fará uma abordagem mais pormenorizada do assunto.

Antes de se verificar a fundamentação legal que rege a matéria, não é demais reforçar os vários tipos de controle existentes e, nesse sentido, reproduz-se o que dispôs Márcio Ferreira Kelles,[11] ao tratar do controle como instrumento de cidadania, eis que relembra que o sistema de controle é operacionalizado por meio de várias redes de monitoramento e, entre as principais, destaca o Controle Interno ou autocontrole, realizado pela própria autoridade Administrativa.

---

[10] LIMA, Luiz Henrique. *Controle Externo*: teoria, legislação, jurisprudência e questões de concursos.
[11] KELLES, Márcio Ferreira. *Controle da Administração Pública democrática*: Tribunal de Contas no controle da LRF, p. 246.

2 Fundamentação

Segundo Evandro Martins Guerra,[12] o termo controle foi utilizado na Constituição da República de 1988 em trinta e três diferentes dispositivos, denotando a intenção do legislador constituinte de assegurar formas de limitação à atuação da Administração Pública, sendo o controle externo e interno tratados especificamente nos arts. 31, 49, V, IX e X; 50, 51, II; 52 e 70 a 75.

O art. 31 da Constituição da República dispõe que a fiscalização do Município será exercida pelo Poder Legislativo Municipal, mediante controle externo, e pelos sistemas de Controle Interno do Poder Executivo Municipal, na forma da lei.

Para o autor referenciado, a Constituição de 1988, acompanhando a propensão mundial na procura de maior controle da Administração, dispôs que a fiscalização externa será exercida, mediante controle externo, pelo Congresso Nacional, no âmbito da União, conforme *caput* do art. 70, e, ainda, pelas Assembleias Legislativas nos Estados e Câmaras de Vereadores nos Municípios, em homenagem ao princípio da simetria, segundo o qual as competências atribuídas à União têm vinculação direta com os Estados e Municípios, que devem manter sua estrutura em conformidade com o modelo federal (art. 75).

O autor, em referência ao art. 71, onde constam as matérias de competência exclusiva dos Tribunais de Contas, leciona que o órgão é "autônomo, especializado e detentor de grande parte das competências do controle externo, de forma exclusiva, é titular do controle relativo às suas competências próprias".[13]

Segundo o professor, o fato de o legislador tratar da competência do Congresso Nacional e do Tribunal de Contas no mesmo capítulo gerou controvérsias e profundos debates acerca da natureza jurídica das Cortes de Contas e de seu enquadramento no bojo estatal, entretanto, o fato é que não há qualquer vínculo subordinativo entre o Tribunal de Contas e o Poder Legislativo. Destaca-se, a propósito, que as competências dos órgãos de contas podem ser agrupadas em quatro grandes funções: opinativa, fiscalizadora, corretiva e jurisdicional.

A Lei nº 4.320/64, nos arts. 75 a 80, trata do controle da execução orçamentária e do Controle Interno da Administração, que poderá ser prévio, concomitante ou subsequente, estando sujeitos à prestação ou tomada de contas todos os responsáveis por bens ou valores públicos.

---

[12] GUERRA, Evandro Martins. *Op. cit.*, p. 100.
[13] GUERRA, Evandro Martins. *Op. cit.*, p. 102.

Ademais, o art. 59 da Lei Complementar nº 101/2000 também aborda o controle da execução orçamentária ao tratar da fiscalização da gestão fiscal, delegando ao sistema de Controle Interno de cada um dos Poderes a fiscalização do cumprimento das metas estabelecidas e medidas propostas, dispondo o *caput* que "o Poder Legislativo, diretamente ou com o auxílio dos Tribunais de Contas, e o sistema de controle interno de cada Poder e do Ministério Público, fiscalizarão o cumprimento das normas desta Lei Complementar".

3 Controle Interno

3.1 Definição

Segundo Luiz Henrique Lima,[14] o Controle Interno é ferramenta de capital importância, cuja natureza, eminentemente preventiva, torna seu fortalecimento medida estratégica para a substancial redução de fraudes e irregularidades na gestão pública.

Para Flávio da Cruz:[15]

> O controle caracteriza-se por qualquer atividade de verificação sistemática de um registro, exercida de forma permanente ou periódica, consubstanciado em documento ou outro meio, que expresse uma ação, uma situação, um resultado, com o objetivo de se verificar se existe conformidade com o padrão estabelecido, ou com o resultado esperado, ou, ainda, com o que determinam a legislação e as normas. Estas atividades, exercidas pelos diversos segmentos da estrutura organizacional, constituem os chamados controles internos.

Domingos Poubel de Castro[16] destaca a definição de Controle Interno emitida em 1949 pelo Instituto Americano de Contadores Públicos Certificados (AICPA – American Institute of Certified Public Accountants) por ser a mais difundida até hoje:

---

[14] LIMA, Luiz Henrique. *Controle Externo*: teoria, legislação, jurisprudência e questões de concursos, p. 319.
[15] CRUZ, Flávio da; GLOCK, José Osvaldo. *Controle Interno nos municípios*: orientação para implantação e relacionamento com os Tribunais de Contas, p. 20.
[16] CASTRO, Domingos Poubel de. *Auditoria e Controle Interno da Administração Pública*: evolução do Controle Interno no Brasil: do Código de Contabilidade de 1922 até a criação da CGU em 2003; guia para atuação das auditorias e organização dos controles internos nos Estados, municípios e ONGs, p. 61.

O controle interno compreende o plano de organização e todos os métodos e medidas, adotadas numa empresa para proteger seu ativo, verificar a exatidão e a fidedignidade de seus dados contábeis, incrementar a eficiência operacional e promover a obediência às diretrizes administrativas estabelecidas.

Flávio da Cruz,[17] referindo-se à definição acima, explica tratar-se de uma conceituação bastante abrangente, em que, de imediato, constata-se que o Controle Interno não se refere apenas aos enfoques diretamente relacionados às funções de contabilidade e finanças, mas a todos os aspectos que envolvem as operações de uma organização. E para que seja corretamente entendido deve ter seus componentes analisados isoladamente. Desta forma, poder-se-ia dizer que:

a) plano de organização: é a forma através da qual se organiza um sistema. A estrutura organizacional necessita corresponder a uma adequada e balanceada divisão de trabalho, de forma que sejam estabelecidas as relações de autoridade e responsabilidade entre os vários níveis, pelas parcelas de trabalho exigidas para a consecução dos objetivos da organização, de maneira que sejam definidas as responsabilidades e autoridades dos diversos níveis. Representa, em outras palavras, a definição de quem faz o que e quem tem autoridade sobre quem na organização.

b) métodos e medidas: são os procedimentos adotados no dia a dia de uma organização empresarial ou pública, que estabelecem os caminhos e os meios de comparação e julgamento para se chegar a determinado fim, mesmo que não sejam preestabelecidos de maneira formal, por meio de normas, manuais de serviço, rotinas etc.

c) proteção do patrimônio: várias são as formas pelas quais os bens e direitos da organização são salvaguardados e defendidos (custódia, controle e contabilização de bens, área de competência, normas etc.).

d) exatidão e fidedignidade dos dados contábeis: estão relacionadas à precisão e observância aos elementos dispostos na contabilidade. A existência de um plano de contas que facilite o registro, a preparação de um manual descritivo do uso das contas, conjugado com a definição de procedimentos que

---

[17] CRUZ, Flávio da; GLOCK, José Osvaldo. *Controle Interno nos municípios*: orientação para implantação e relacionamento com os Tribunais de Contas, p. 21.

possibilitem a análise, a classificação adequada dos dados contábeis, a conciliação e a solução tempestiva de quaisquer divergências são elementos significativos para a expressão da fiel escrituração contábil.

e) eficiência operacional: é obtida da definição de adequado plano de organização, aliado a métodos e procedimentos bem definidos, e ainda com a observância de normas salutares no cumprimento dos deveres e funções e com a existência de pessoal qualificado, adequadamente supervisionado, no desenvolvimento de suas atividades.

Flávio da Cruz destaca, ainda, a Instrução Normativa nº 16, de 20/12/91, do Departamento do Tesouro Nacional, que, embora revogada, cumpre, segundo ele, excelente papel didático:

> O conjunto de atividades, planos, métodos e procedimentos interligados utilizado com vistas a assegurar que o objetivo dos órgãos e entidades da administração pública sejam alcançados, de forma confiável e concreta, evidenciando eventuais desvios ao longo da gestão, até a consecução dos objetivos fixados pelo Poder Público.

Segundo Evandro Martins Guerra:[18]

> (...) trata-se de um complexo de procedimentos administrativos, constitucionalmente previsto, de natureza financeira, contábil e orçamentária, exercido por órgão posicionado dentro da própria estrutura da Administração, indissociável desta, impondo ao gestor público a boa margem de segurança, de acordo com as peculiaridades de cada órgão ou entidade, com fincas de prevenção, identificação e rápida correção de irregularidade ou ilegalidades, capaz de garantir o cumprimento dos planos, metas e orçamentos preconcebidos.

3.2 Princípios

Para Domingos Poubel de Castro,[19] os princípios básicos do Controle Interno são:

---

[18] GUERRA, Evandro Martins. *Op. cit.*, p. 274.
[19] CASTRO, Domingos Poubel de. *Auditoria e Controle Interno da Administração Pública*: evolução do Controle Interno no Brasil: do Código de Contabilidade de 1922 até a criação da CGU em 2003; guia para atuação das auditorias e organização dos controles internos nos Estados, municípios e ONGs, p. 64.

a) fixação de responsabilidades: delimitação de responsabilidades, para evitar o comprometimento de sua eficiência;
b) segregação de funções: o responsável por uma operação não pode ser envolvido na função de registro;
c) ciclo de uma transação: uma só pessoa não deve realizar todas as fases de uma transação, quer seja funcionário ou administrador;
d) pessoal criteriosamente selecionado: é necessário que o passado seja investigado e as referências, conferidas;
e) rodízio de pessoal: deve-se promover, periodicamente, o rodízio de servidores, visando ao desenvolvimento de novas tarefas;
f) tarefas previstas em manuais operacionais: as instruções inerentes ao desempenho funcional da estrutura devem ser escritas em manual de organização, a fim de evitarem a ocorrência de erros e aumentar a eficiência operacional;
g) utilização de processamento eletrônico:, a entidade deve adotar processo eletrônico para registrar as operações.

Evandro Martins Guerra[20] destaca que os princípios inerentes ao Controle Interno são aqueles previstos no *caput* do art. 70 da Constituição, isto é, os mesmos que norteiam a fiscalização da gestão da coisa pública: legalidade, legitimidade e economicidade, além de os expressamente determinados no inciso II do art. 74, os princípios da eficácia e eficiência, os quais virão a seguir expostos.

O princípio da legalidade, segundo o autor, é aquele que "impõe absoluta sujeição da Administração ao Direito, revelando a restrição imposta ao livre-arbítrio do administrador público, posto que a ele é concedido, tão-somente, fazer aquilo expressamente permitido em lei".

O princípio da legitimidade, no que diz respeito ao exercício do procedimento de auditoria governamental, significa "observar se o administrador público, na totalidade de suas ações administrativas, orçamentárias, financeiras, contábeis e operacionais, sujeitou-se, além do cumprimento das normas, leis e regulamentos que se lhe impunha submeter, aos fins inicialmente previstos e à motivação oferecida para a execução do ato".

A economicidade refere-se à relação custo/benefício, ou seja, "impõe o controle da despesa em face dos recursos disponíveis; a parcimônia, modicidade, contenção ou moderação nos gastos; a ausência

---

[20] GUERRA, Evandro Martins. *Op. cit.*, p. 264-266.

de desperdício na execução dos programas". É, pois, "o dispêndio dos escassos recursos na quantia necessária, no momento adequado à consecução dos objetivos anteriormente propostos em lei".

O princípio da eficácia trata-se da "relação entre o que foi planejado e o que foi alcançado na realidade pelos projetos, programas ou atividades governamentais, ou seja, é a observação dos resultados obtidos, verificando se estão situados nas metas preestabelecidas para os programas de governo".

E quanto ao princípio da eficiência, dispõe o autor, visa "permitir a concretização de resultados verdadeiros, a real produção dos efeitos, ou seja, a efetividade dos atos do Poder Público".

3.3 Considerações

O Controle Interno, conforme verificou-se, é matéria que compreende a fiscalização contábil, financeira, orçamentária, operacional e patrimonial, vista sob a égide dos princípios da legalidade, legitimidade e economicidade, eficácia e eficiência, devendo ser levado a efeito a toda a Administração Pública Direta e Indireta.

O art. 74, inciso IV, dispõe que os poderes Legislativo, Executivo e Judiciário manterão de forma integrada sistema de Controle Interno com a finalidade de apoiar o controle externo no exercício de sua missão institucional. O Controle Interno é, pois, instrumento de fortalecimento, de aprimoramento da gestão e que funciona como mecanismo de auxílio ao administrador, dando-lhe segurança, possibilitando a obtenção de informação adequada, promovendo a eficiência operacional da entidade, assegurando que políticas e propósitos da administração sejam cumpridos, além de estabelecer compromisso com o controle externo.

O compromisso com o controle externo vem destacado pelo § 1º do referido artigo, posto que os responsáveis pelo Controle Interno, ao tomarem conhecimento de qualquer irregularidade ou ilegalidade devem dar ciência dela ao Tribunal de Contas, sob pena de serem responsabilizados solidariamente.

Com respeito ao apoio ao controle externo, Jorge Ulisses Jacoby Fernandes[21] preconiza que exercendo a função "o órgão de controle interno já estará naturalmente auxiliando os tribunais de contas".

---

[21] JACOBY FERNANDES, Jorge Ulisses. *Tribunais de Contas do Brasil*: jurisdição e competência, p. 90.

Faz-se oportuna a perspectiva do pensamento de Maria Celeste Moraes Guimarães,[22] no sentido de que o fato de o Controle Interno integrar a própria gestão e, ao mesmo tempo, dar apoio ao controle externo, causa no gestor incompreensão quanto ao dever do controlador interno, de ordem constitucional, de comunicar a irregularidade ou ilegalidade apurada ao Tribunal de Contas, pois, não raro, enxerga-se, na atitude, uma deslealdade ou descompromisso com o gestor.

Ressaltou, na oportunidade, que o Controle Interno deve ter autonomia, administrativa e financeira, e independência, além de ter o provimento dos seus cargos por concurso de provas e títulos, ou de provas, devendo ser criadas carreiras para o ingresso e para o exercício dessas funções.

Nessa esteira, Evandro Martins Guerra[23] fez a seguinte reflexão por ocasião da Palestra proferida no I Fórum de Controle da Administração Pública:

> Há elevados níveis de rejeição à implantação de controle interno por parte dos governantes e administradores, porquanto este deve ser estruturado dentro da própria instituição, por servidores estáveis, para exercerem fiscalização concomitante, denunciando as ilegalidades ou irregularidades apuradas. Como afirmou Roberto Dromi "Não é de se esperar nos detentores de poder uma autolimitação voluntária. É preciso criar instituições para controlá-los e incorporá-las aos processos de poder".

A Constituição da República desde a sua promulgação impôs a todos os poderes do Estado a obrigatoriedade da implantação do Controle Interno. Verifica-se que decorridos mais de vinte anos da imposição, o Controle Interno não foi sistematizado, tendo sido estruturado de fato apenas na União e em alguns Estados e Municípios brasileiros.

Muitas são as dificuldades enfrentadas pelos Estados e principalmente pelos municípios para a estruturação do sistema de Controle Interno, dentre elas a necessidade de encontrar profissionais preparados a fim de compor um contingente qualificado para o exercício da função. Quanto aos municípios de pequeno porte, a dificuldade de encontrar especialistas de diferentes áreas é ainda maior. Nessa linha, "não há

---

[22] ENCONTRO ANUAL DOS TRIBUNAIS DE CONTAS DO BRASIL, 6 e 7 nov. 2008, Fortaleza. *Anais...*

[23] GUERRA, Evandro Martins. Controle Interno no âmbito municipal: reflexões acerca das dificuldades na implantação e efetivação de seus mecanismos. *In*: FÓRUM DE CONTROLE DA ADMINISTRAÇÃO PÚBLICA.

material humano disponível para a efetivação e otimização dos mandamentos constitucionais".

Outro ponto foi apontado pelo referido professor, que conclui que a falta de previsão de mecanismos coercitivos que efetivamente possam forçar a criação e implantação do sistema em todos os órgãos e entidades da Administração possivelmente seria uma das dificuldades encontradas, pois "somente haverá um desenvolvimento substantivo do Controle Interno, além de sua real efetivação e implantação, quando for punida a omissão do responsável pela sua criação".

Outra causa que possivelmente concorre para dificultar a implantação do sistema de Controle Interno no âmbito municipal brasileiro refere-se aos modelos disponíveis para a implantação e efetivação do sistema, pois "são originários de organismos internacionais, preconcebidos para utilização em outros países, outras realidades, outras peculiaridades, não se vislumbrando, até o momento, moldes plenamente apropriados e adequados à Administração brasileira. Isto posto, conclui-se que, embora existam controles internos já implantados na Administração brasileira, a forma sistêmica será alcançada tão-só quando forem diminuídas as dificuldades expostas, levando, consequentemente, a um amoldamento do complexo às características brasileiras".

Jorge Ulisses Jacoby Fernandes[24] destaca também o "importante esforço que vem sendo desenvolvido pelos tribunais de contas, no sentido de fazer com que os órgãos valorizem o controle interno, embora com resultados aquém dos desejáveis." Explica: "O esforço maior deveria provir exatamente das autoridades públicas que pretendem fazer uma gestão proba e responsável".

3.4 Sistema

Conforme o Guia de Implantação do Sistema de Controle Interno na Administração Pública,[25] sistema "é um conjunto de partes e ações que, de forma coordenada, concorrem para um mesmo fim" e o Sistema de Controle Interno "pode ser entendido como somatório das atividades de controle exercidas no dia-a-dia em toda a organização para assegurar a salvaguarda dos ativos, a eficiência operacional e o cumprimento das normas legais e regulamentares".

---

[24] JACOBY FERNANDES, Jorge Ulisses. *Tribunais de Contas do Brasil*: jurisdição e competência, p. 86.
[25] MATO GROSSO. Tribunal de Contas do Estado. *Guia para implantação do Sistema de Controle Interno na Administração Pública*, p. 18.

Quanto às disposições constantes do substitutivo ao Projeto de Lei nº 135/1996 deixam claro que o Controle Interno abrange todos os níveis da administração pública, desde o menor nível de chefia até o gestor principal, ou seja, todas as atividades devem ser devidamente controladas. Aponta-se uma questão-chave que é a necessidade de que "as atividades ocorram de forma coordenada, orientada e supervisionada, pressupondo-se, então, a existência de um núcleo ou órgão central do sistema".

Com referência à estruturação sistêmica, explica Jorge Ulisses Jacoby Fernandes[26] que isto "significa que o controle interno deve atuar de forma conjunta e organizada, a partir da estruturação de regras e normas, de unidades e princípios, coordenados entre os diversos órgãos". Referindo-se a Adhemar Ghisi, salienta:

> Um autêntico sistema de controle interno constituiria, em síntese, uma verdadeira rede de informações, capaz de subsidiar o processo de tomada de decisão em nível governamental, além de fornecer ao dirigente, a qualquer instante, a exata noção do desempenho de cada um dos órgãos subordinados e vinculados.

Segundo Evandro Martins Guerra,[27] o sistema de Controle Interno deverá ser desenvolvido de acordo com as normas existentes, sendo muitas delas estruturadas a partir de experimentos e orientações originados nas entidades fiscalizadoras internacionais como, por exemplo, a INTOSAI, a OLACEFS, a EURORAI, ASUL, entre outras.

A INTOSAI (Organização Internacional de Entidades Fiscalizadoras Superiores), em trabalho publicado em 1992, sob o título *Guia para normas de Controle Interno*, na qual destacam-se algumas regras necessárias ao desenvolvimento da estruturação do Controle Interno, dentre elas destacam-se:

1. Segurança razoável, tida como um nível mínimo satisfatório de confiabilidade, relativamente aos riscos inerentes, ao custo necessário e aos benefícios desejados;
2. Atitude cooperativa, isto é, a necessária cooperação e apoio entre os envolvidos na ação da gerência administrativa;
3. Integridade e competência, características necessárias àqueles que exercem o controle, como forma de garantia do seu

---

[26] JACOBY FERNANDES, Jorge Ulisses. *Tribunais de Contas do Brasil*: jurisdição e competência, p. 85.
[27] GUERRA, Evandro Martins. *Op. cit.*, p. 276.

desenvolvimento eficaz e da consecução dos objetivos gerais desejados;
4. Objetivos do controle, ou seja, os escopos específicos, buscados pelos procedimentos, devem ser identificados explicitamente para cada setor administrativo, integrada aos objetivos gerais pretendidos;
5. Acompanhamento dos controles, de forma contínua e concomitante, almejando-se, destarte, a apuração imediata dos desvios porventura existentes e o consequente saneamento dos mesmos.

Salienta que além dessas destacam-se, nos referidos estudos, normas específicas que são aquelas relativas aos procedimentos e planos administrativos de controle:
1. Documentação e registro – todos os atos do controle devem ser devidamente registrados, documentados e arquivados para posterior consulta;
2. Autorização e execução – os atos devem ser autorizados e executados por aqueles que detêm competência para tal, sob pena de nulidade;
3. Segregação das funções – as várias funções inerentes aos procedimentos, como autorização, processamento, revisão e registro, devem ser cumpridas por agentes diversos;
4. Supervisão – entende-se fundamental que os mecanismos desenvolvidos sejam acompanhados por uma supervisão, garantido-se, assim, a consecução dos objetivos pretendidos pelo sistema de Controle Interno;
5. Acesso aos registros – a possibilidade de consulta e análise dos dados registrados deve ser limitada às pessoas autorizadas para tal, a quem compete fazer a comparação entre o que foi planejado anteriormente e os resultados alcançados.

Considerações finais

Constatou-se que o controle da administração pública embora não seja matéria nova continua atual; a sociedade mudou e hoje dá sinais de grande interesse pelos gastos do governo, cobrando uma melhor utilização dos recursos públicos disponíveis e que os atos sejam realizados com transparência e responsabilidade. O controle permite averiguar se a administração pública está atuando de conformidade com os padrões fixados pelo ordenamento jurídico, de forma que o interesse da coletividade seja atendido.

O controle da administração pública pode se dar de várias formas, pela própria sociedade, que é o controle social ou popular, exercido pelos próprios cidadãos através dos diversos instrumentos e mecanismos previstos em lei. Pelo Legislativo com o auxílio do Tribunal de Contas, chamado controle externo, em que a administração pública é fiscalizada por órgão distinto, não integrante da estrutura do órgão fiscalizado, é a fiscalização realizada pelo Tribunal de Contas sobre a Administração direta e indireta dos demais poderes.

Afora os citados controles tem-se o Controle Interno, que integra a estrutura do próprio órgão ou entidade, servindo-lhe de suporte, oferecendo ao gestor maior segurança nas tomadas de decisão, possibilitando a verificação de execução de metas, programas de governo, avaliação de resultados, entre outras finalidades, notadamente, o importante papel que é o de apoiar o controle externo no exercício de sua missão institucional.

É fato que a Constituição Cidadã impôs aos órgãos e entidades da administração pública, desde a sua promulgação, a obrigatoriedade da implantação do Controle Interno, cujas finalidades são inúmeras. Entretanto, verifica-se que muitas mudanças ainda são necessárias a fim de que a estrutura cumpra o importante papel que lhe foi atribuído, sendo-lhe necessária, ainda, a devida valorização por parte dos gestores públicos para utilização do instrumento que serve de ferramenta para o fortalecimento e aprimoramento de suas gestões.

Referências

CASTRO, Domingos Poubel de. *Auditoria e Controle Interno da Administração Pública*: evolução do Controle Interno no Brasil: do Código de Contabilidade de 1922 até a criação da CGU em 2003; guia para atuação das auditorias e organização dos controles internos nos Estados, municípios e ONGs. São Paulo: Atlas, 2008.

CRUZ, Flávio da; GLOCK, José Osvaldo. *Controle Interno nos municípios*: orientação para implantação e relacionamento com os Tribunais de Contas. São Paulo: Atlas, 2003.

ENCONTRO ANUAL DOS TRIBUNAIS DE CONTAS DO BRASIL, 6 e 7 nov. 2008, Fortaleza. *Anais*... Belo Horizonte: Fórum, 2009. 284 p. ISBN 978-85-7700-263-4.

GHISI, Adhemar Paladini. *O Tribunal de Contas e o Sistema de Controle Interno*. 1998.

GUERRA, Evandro Martins. Controle Interno no âmbito municipal: reflexões acerca das dificuldades na implantação e efetivação de seus mecanismos. *In*: FÓRUM DE CONTROLE DA ADMINISTRAÇÃO PÚBLICA, 3 ago. 2004, Rio de Janeiro. Palestra.

GUERRA, Evandro Martins. Estruturação do sistema de Controle Interno: unidade administrativa independente. *Fórum de Contratação e Gestão Pública – FCGP*, Belo Horizonte, ano 4, n. 48, dez. 2005.

GUERRA, Evandro Martins. *Os Controles Externo e Interno da Administração Pública*. 2. ed. Belo Horizonte: Fórum, 2005. 488 p. ISBN: 85-89148-95-5.

JACOBY FERNANDES, Jorge Ulisses. *Tribunais de Contas do Brasil*: jurisdição e competência. Belo Horizonte: Fórum, 2003.

KELLES, Márcio Ferreira. *Controle da Administração Pública democrática*: Tribunal de Contas no controle da LRF. Belo Horizonte: Fórum, 2007. 295 p.

LIMA, Luiz Henrique. *Controle Externo*: teoria, legislação, jurisprudência e questões de concursos. Rio de Janeiro: Elsevier, 2007. 496 p.

MATO GROSSO. Tribunal de Contas do Estado. *Guia para implantação do Sistema de Controle Interno na Administração Pública*. Cuiabá: TCE, 2007. 96 p.

MEDAUAR, Odete. *Controle da Administração Pública*. São Paulo: Revista dos Tribunais, 1993. p. 31.

SILVA, José Afonso da. *Curso de direito constitucional positivo*. 9. ed. rev. e ampl. de acordo com a nova Constituição. São Paulo: Malheiros, 1994.

Informação bibliográfica deste texto, conforme a NBR 6023:2002 da Associação Brasileira de Normas Técnicas (ABNT):

ALCÂNTARA, Simone Matta de Miranda. Controle Interno. *In*: GUERRA, Evandro Martins; CASTRO, Sebastião Helvecio Ramos de (Coord.). *Controle Externo*: estudos temáticos. Belo Horizonte: Fórum, 2012. p. 115-131. ISBN 978-85-7700-604-5.

PROJETO SURICATO INSTITUCIONALIZAÇÃO DA POLÍTICA DE FISCALIZAÇÃO INTEGRADA

LUÍS EMÍLIO PINHEIRO NAVES
MARÍLIA GONÇALVES DE CARVALHO
RAQUEL DE OLIVEIRA MIRANDA SIMÕES

Introdução

O Tribunal de Contas do Estado de Minas Gerais (TCEMG) vem desenvolvendo ações no sentido de ampliar, de forma gradual, a cultura da gestão estratégica no âmbito de sua atuação. A aprovação do Plano Estratégico 2010-2014 confere à instituição a missão de exercer o controle externo da gestão dos recursos públicos de forma eficiente, eficaz e efetiva, em benefício da sociedade, com vistas a tornar-se referência na garantia do direito da sociedade à regular e efetiva gestão dos recursos públicos, calcada nos valores da ética, da justiça, da efetividade, da transparência e do compromisso social.

Entre os objetivos traçados nesse planejamento, insere-se, no contexto dos seus processos internos, a implantação da gestão do conhecimento e da informação, que se traduz, segundo o próprio Plano Estratégico, em "desenvolver ações para incentivar a geração, retenção, diversificação, disseminação e a reciclagem do conhecimento e da informação, visando assegurar o seu aproveitamento de forma sistematizada".

É sob esse contexto que se propõe a implantação do Projeto Suricato, uma política pública voltada para o melhor aproveitamento pelo Tribunal dos dados e informações disponíveis interna e externamente, para incremento da gestão do conhecimento necessário ao desempenho das ações de controle externo.

A pesquisa "Macrotendências para o exercício do controle externo", realizada em 2010 pelo Tribunal de Contas do Estado de Minas Gerais identifica: (1) a priorização de instrumentos de controle preventivo e concomitante da gestão pública; (2) o combate à corrupção; e (3) a integração com órgãos que possibilitem a melhoria das atividades ligadas ao repasse, controle e fiscalização dos recursos públicos para atuação conjunta ou para o fortalecimento do controle indireto como tendências para o desenvolvimento das ações de controle, as quais também se alinham aos objetivos do projeto.

Normas internacionais de auditoria, como Coso e Intosai, enfatizam o melhor gerenciamento dos riscos no desenvolvimento das ações de controle, o que se coaduna com o objetivo do projeto de conferir maior consistência aos procedimentos de seletividade e de planejamento das ações de fiscalização.

A sociedade moderna se vê impactada pelo impressionante desenvolvimento das tecnologias de armazenamento e transferência de dados, que descortinam inegável potencial de desenvolvimento também no campo da gestão da informação e do conhecimento dentro das organizações.

O TCEMG não está alheio ao fenômeno, como visto, e planeja desenvolver, mediante a institucionalização da diretriz de fiscalização integrada — Projeto Suricato —, uma política pública cujo objetivo central é a melhoria do aproveitamento das ferramentas de integração de dados e informações internas e externas para utilização nas ações de fiscalização que lhe são inerentes.

1 Referencial teórico

1.1 Sociedade da Informação

A sociedade contemporânea vivencia, nos últimos anos, o desenvolvimento e a expansão acelerada da capacidade de processamento dos computadores e das comunicações. Essas transformações impactam a economia, a política, os processos produtivos, as relações de trabalho, o meio acadêmico, enfim, a cultura e, consequentemente, a forma como a administração pública é vista pela população em geral.

A nova perspectiva tem feito com que países e organismos internacionais elaborem programas e iniciativas voltadas a dominar e/ou democratizar o processo da informação. No Brasil, há o projeto nacional, coordenado pelo Instituto Brasileiro de Informação em Ciência e Tecnologia (IBICT), que originou o Programa Sociedade da Informação, lançado pelo Governo federal no ano 2000.

A informação é poder se bem utilizada; no entanto, se armazenada, não vale muito — ideia que origina discussão acerca de tendências na gestão do conhecimento organizacional, que predispõem à necessidade de flexibilização na busca do crescimento coletivo.[1]

Apesar da chamada sociedade da informação, o verdadeiro ativo não é a informação, mas sim o conhecimento, que é a informação editada, posta em contexto e analisada de modo a fazer sentido e ter valor para a organização. Baran (1997) representa a relação entre dado, informações, conhecimento e sabedoria através do seguinte esquema:[2]

FIGURA 1 – Relação entre dados, informações, conhecimento e sabedoria.

Atualmente, as informações estão disponíveis em abundância, mas o conhecimento não; e já é sabido que o saber coletivo de uma organização é o seu capital intelectual.

1.2 Gestão do Conhecimento

O Comitê Executivo do Governo Eletrônico utiliza definição, considerada abrangente e adequada para o presente trabalho, a qual compreende gestão do conhecimento:

> (...) como um conjunto de processos sistematizados, articulados e intencionais, capazes de incrementar a habilidade dos gestores públicos

---

[1] FAYARD. *O jogo da interação*: comunicação e informação em estratégia, 2000.
[2] BARAN, Uri. Helping retailers generate customer relationships. *ICL System Journal*, v. 11, n. 2, jan. 1997.

em criar, coletar, organizar, transferir e compartilhar informações e conhecimentos estratégicos que podem servir para a tomada de decisões, para a gestão de políticas públicas e para inclusão do cidadão como produtor de conhecimento coletivo.

Uma bem-sucedida sistematização da gestão do conhecimento deve considerar que o conhecimento pode existir em dois formatos: (1) conhecimento tácito e (2) conhecimento explícito, ou seja, tanto na mente das pessoas quanto em registros diversos. A essência da ideia de criação do conhecimento reside no fato de as pessoas poderem se encontrar e trocar experiências com outras que têm ou trabalham com certos tipos de conhecimentos, e a importância da tecnologia da informação é construir um suporte para que isso ocorra.

Os recursos de tecnologia da informação facilitam o trabalho em rede, podendo manter os conhecimentos descentralizados junto aos locais em que são mais gerados e/ou utilizados e melhorar o grau de interatividade do usuário com os registros de conhecimentos; e podem ser efetivamente úteis para a gestão do conhecimento, se empregados numa sistemática de interferência/interatividade humana.[3]

Atualmente, a maioria dos trabalhos científicos, artigos e livros relacionados com o tema são destinados à realidade empresarial; em relação à Administração Pública, poucos trabalhos foram publicados. Além disso, no Brasil, são raros os casos práticos de implantação e desenvolvimento de modelo de gestão voltado ao conhecimento na esfera pública.

Fábio Batista afirma que os casos existentes nessa esfera são referentes a empresas públicas, como Serpro, Banco Central do Brasil, Banco do Brasil, Caixa Econômica Federal, Embrapa e Petrobras. Com relação à administração pública direta, segundo o autor, não existe referência à gestão do conhecimento, sendo necessárias pesquisas para investigar, com precisão, em que estágio essas organizações estão.[4]

O desafio é repensar a organização pública, orientando-a para o conhecimento e adotando novos modelos de gestão. Segundo Carlos Homero Giacomini, faz-se necessário, na estrutura funcional ou informal, um grupo de trabalho dedicado tanto à incorporação e

---

[3] DAVENPORT. Managing customer support knowledge. *California Management Review*, p. 195-208.
[4] BATISTA, Fábio *et al*. Gestão do conhecimento na Administração Pública. *In*: *O governo que aprende*: a gestão do conhecimento no setor público.

à disseminação de novas tecnologias quanto a sua transformação em conhecimento aplicado.[5]

O Plano Estratégico 2010/2014 do TCEMG não está alheio à nova realidade e, mais especificamente, a aprovação do planejamento estratégico de tecnologia da informação reafirma a prioridade da utilização desses recursos no apoio às ações de controle externo da gestão de recursos públicos, com vista a torná-lo mais eficiente, eficaz e efetivo, em benefício da sociedade, missão declarada pela instituição.

2 O projeto de fiscalização integrada do TCEMG

A questão central do Projeto Suricato é propor solução para o baixo aproveitamento das ferramentas e tecnologias de integração de dados e informações disponíveis interna e externamente, nas ações de controle externo, a fim de impedir a estagnação dos níveis de qualidade dos serviços prestados no âmbito da atuação do TCEMG, forte obstáculo no caminho da plena consecução dos objetivos da instituição e de sua missão.

Para a caracterização da situação-problema, parte-se da constatação de que o TCEMG possui diversos sistemas informatizados que recolhem e armazenam dados e informações e, também, mantém convênios com instituições cujo objetivo é obter dados e informações de interesse do controle externo; entretanto, facilmente, se constata que tal potencial de conhecimento não vem sendo explorado. Essa realidade vê-se em ações incipientes e isoladas do Tribunal com relação à coleta, armazenamento e compartilhamento de dados e informações internas e externas, o que demonstra que a instituição possui política incipiente com relação à gestão do conhecimento.

Vislumbra-se que a promoção de políticas que propiciem intervenções mais consistentes e duradouras sobre as circunstâncias verificadas possa auxiliar a remoção dos obstáculos ao firme crescimento da qualidade dos serviços prestados pelos Tribunais de Contas.

Pretende-se que as intervenções e ações propostas pelo Projeto Suricato se desenvolvam e reproduzam de forma sustentável ao longo do tempo, propiciando constante elevação dos níveis de conhecimento, necessário à atuação da instituição, e aproximação da almejada excelência no exercício do controle externo da gestão de recursos públicos municipais e estaduais.

---

[5] GIACOMINI, Carlos Homero *et al*. A qualidade de vida do trabalhador municipal e a produtividade pública em Curitiba. *Revista de Administração Pública – RAP*.

2.1 Malhas eletrônicas de fiscalização

A principal ferramenta utilizada no Projeto Suricato será o uso das malhas eletrônicas de fiscalização. Trata-se de ferramentas de tecnologia da informação constituídas de algoritmos formados a partir do cruzamento de dados dos sistemas informacionais do Tribunal com os sistemas de organizações parceiras do controle externo, bem como com outras informações úteis à fiscalização.

Segundo Carlos Nogueira, circularização de informação é atualmente utilizada por diversas instituições governamentais para fiscalizar e coibir a má gestão de recursos públicos, tendo-se sempre em mente que a ideia é confrontar informações disponíveis com outras que podem ser conseguidas por meio de contatos com agentes externos. Sendo assim, a definição do que será circularizado está diretamente relacionada com o que se busca esclarecer e, naturalmente, diretamente proporcional à relevância do que está sendo investigado.[6]

A possibilidade do cruzamento de informações de diferentes fontes e da interação sistemática com a experiência das pessoas pode favorecer o desenvolvimento de competências próprias e diferenciais para o exercício das atividades de fiscalização a cargo dos Tribunais de Contas.

Cícero Caiçara Júnior[7] afirma que existem inúmeros problemas que surgem nos cenários das organizações em razão da ausência de integração dos seus sistemas, já que os existentes, invariavelmente compostos por bancos de dados, geralmente não se comunicam. Aspectos como o retrabalho, a redundância de dados e ausência de integridade das informações ocorre como consequência dessa falta de integração dos sistemas existentes, além da escassez de agilidade no fornecimento de informações, tanto para os usuários internos dos sistemas, quanto para os usuários externos.

2.2 Objetivos

O objetivo geral do Projeto Suricato é a institucionalização de uma política de fiscalização integrada voltada para o melhor aproveitamento dos dados e informações disponíveis interna e externamente, para incremento da gestão do conhecimento, respondendo às demandas

---

[6] NOGUEIRA. Procedimentos auditoriais: circularização, amostragem e cenário.
[7] CAIÇARA JUNIOR. *Sistema Integrado de Gestão*: ERP: uma abordagem gerencial.

e às ofertas atuais no que se refere às novas tecnologias de informação e de comunicação.

Os objetivos específicos traçados são: atuação contemporânea aos fatos; acompanhamento vigilante das ações e atos dos gestores públicos; proatividade nas ações de fiscalização; monitoramento constante; uso eficiente, efetivo e adequado dos recursos; maior qualidade dos serviços prestados; fortalecer a imagem do Tribunal; resposta mais ágil à sociedade; aumentar a motivação dos servidores; melhorar a consistência dos relatórios e decisões e aumentar a interação com a imprensa, dando maior visibilidade às ações de fiscalização do Tribunal.

Conclusão

Os Tribunais de Contas vêm ganhando relevo no contexto do Estado contemporâneo, sendo a efetividade de suas ações importante instrumento de consolidação da democracia e desenvolvimento da cidadania, e sua atuação não pode prescindir das consideráveis modificações atuais na gestão do conhecimento.

Impõe-se a necessidade de implantação de novas abordagens a fim de favorecer o incremento de competências próprias e diferenciais para o exercício das atividades de fiscalização a cargo dos Tribunais de Contas, buscando-se o desempenho do controle externo da gestão dos recursos públicos de forma eficiente, eficaz e efetiva, em benefício da sociedade.

Entende-se que as medidas propostas pelo Projeto Suricato poderão contribuir para esse aprimoramento do exercício do controle externo, bem como para a transformação do atual paradigma de controle.

Referências

BARAN, Uri. Helping retailers generate customer relationships. *ICL System Journal*, v. 11, n. 2, jan. 1997.

BATISTA, Fábio et al. Gestão do conhecimento na Administração Pública. In: *O governo que aprende*: a gestão do conhecimento no setor público. Brasília: IPEA, 2005.

CAIÇARA JUNIOR, Cícero. *Sistema Integrado de Gestão*: ERP: uma abordagem gerencial. Curitiba: Ibpex, 2006.

CAMATTI, Tassiara Baldissera; FACHINELLE, Ana Cristina. Comunicação como diferencial estratégico na gestão do conhecimento das organizações. *Conexão, Comunicação e Cultura*, Caxias do Sul, v. 9, n. 17, jan./jun. 2010.

COSTA, Marília Damiani et al. Gestão da informação ou gestão do conhecimento?. *Revista ACB*, Santa Catarina, Biblioteconomia em Santa Catarina, v. 5, n. 5, 2000.

CUNHA, M. A.; MARQUES, E. V.; MEIRELLES, F. S. Modelos de gestão de tecnologia de informação no setor público brasileiro. *In*: ENAPG, 1., set. 2004, Salvador. *Anais*... Salvador, 2004.

DAVENPORT, Thomas H. *et al*. Data to knowledge to results: building an analytic capability. *California Management Review*, v. 43, n. 2, p. 117-138, Winter 2001.

DAVENPORT, Thomas H. Managing customer support knowledge. *California Management Review*, v. 40, n. 3, p. 195-208, Spring 1998.

DAVENPORT, Thomas H.; PRUSAK, L. *Conhecimento empresarial*. Rio de Janeiro: Campus, 1998.

FAYARD, Pierre Marie. *O jogo da interação*: comunicação e informação em estratégia. Caxias do Sul: Educs, 2000.

GIACOMINI, Carlos Homero *et al*. A qualidade de vida do trabalhador municipal e a produtividade pública em Curitiba. *Revista de Administração Pública – RAP*, Rio de Janeiro, v. 35, n. 6, nov./dez. 2001.

LOUREIRO, Maria Rita *et al*. Democratização e reforma do Estado: o desenvolvimento institucional dos Tribunais de Contas no Brasil. *Revista de Administração Pública – RAP*, Rio de Janeiro, v. 43, n. 4, p. 739-72 ago. 2009.

NOGUEIRA, Carlos. *Procedimentos auditoriais*: circularização, amostragem e cenário. 2007. <http://www.vemconcursos.com/opiniao>.

PRATES, Cristiana de Lemos Souza *et al*. (Org.) *Pesquisa sobre as macrotendências de controle externo*. Belo Horizonte: Tribunal de Contas do Estado de Mina Gerais, abr. 2009.

SCHLESINGER, Cristina C. B. *et al*. *Gestão do conhecimento na Administração Pública*. Curitiba: Instituto Municipal de Administração Pública, 2008.

SILVA, Sergio L. Gestão do conhecimento: uma revisão crítica orientada pela abordagem da criação do conhecimento. *Ciência da Informação*, Brasília, v. 33, n. 2, maio/ago. 2004.

STEWART, Thomas A. *A riqueza do conhecimento*: o capital intelectual e a nova organização. Rio de Janeiro: Campus, 2002.

VIDAL, Patrícia G. *et. al*. A gestão do conhecimento: dois casos singulares. *Revista Eletrônica de Ciência Administrativa*, v. 5, n. 1, maio 2006.

Informação bibliográfica deste texto, conforme a NBR 6023:2002 da Associação Brasileira de Normas Técnicas (ABNT):

NAVES, Luís Emílio Pinheiro; CARVALHO, Marília Gonçalves de; SIMÕES, Raquel de Oliveira Miranda. Projeto Suricato: Institucionalização da política de fiscalização integrada. *In*: GUERRA, Evandro Martins; CASTRO, Sebastião Helvecio Ramos de (Coord.). *Controle Externo*: estudos temáticos. Belo Horizonte: Fórum, 2012. p. 133-140. ISBN 978-85-7700-604-5.

O SISTEMA INFORMATIZADO DE ATOS DE PESSOAL NO TRIBUNAL DE CONTAS DO ESTADO DE MINAS GERAIS

MARILÉA DA SILVA

Introdução

Este trabalho tem o objetivo de demonstrar a necessidade e a importância da implantação do *Sistema Informatizado de Fiscalização de Atos de Pessoal (FISCAP)*, no Tribunal de Contas do Estado de Minas Gerais – TCEMG, atualmente disponibilizado e utilizado pelos jurisdicionados para enviar informações referentes aos atos concessórios de aposentadoria, reforma e pensão, bem como aos atos de complementação de proventos e cancelamentos dos benefícios previdenciários.

Apresenta, ainda, breve abordagem das alterações da demanda no tratamento da informação, provocada pelo estoque de processos que se avolumou ao longo do tempo, buscando alcançar os novos patamares dos objetivos institucionais, numa visão de futuro.

Mostra o caminho que as Cortes de Contas brasileiras vêm percorrendo para se prepararem em dar respostas mais rápidas, seguras e confiáveis a uma sociedade cada vez mais exigente. Nessa busca, renderam-se ao uso da tecnologia da informação para empregá-la nas rotinas de trabalho.

Também a sociedade evoluiu, aumentou seus conhecimentos, suas exigências, abriu-se-lhe novos horizontes. Entendeu que precisava participar do processo democrático compartilhando das decisões que envolviam o interesse público, enfim, era preciso exercer a cidadania. Nesse sentido, passou a requerer de seus representantes legais, mais resultados, qualidade, transparência e celeridade na prestação dos serviços públicos.

A competência constitucional do Tribunal de Contas do Estado de Minas Gerais, inserta no art. 76, da Constituição Mineira, notadamente, no inciso VI, que trata da fiscalização dos atos de pessoal, inclui-se em um imenso leque de trabalho a ser desenvolvido pelo órgão de controle.

Assim, a Corte de Contas de Minas Gerais não podia ficar alheia às mudanças, tendo que se adequar aos novos tempos, pois afinal, tem a responsabilidade direta no controle da aplicação dos dinheiros públicos e prestação de serviços, visando proporcionar uma resposta eficiente aos cidadãos.

O Tribunal não teve como deixar de inserir-se nos avanços tecnológicos que surgiram como instrumentos valiosos para orientar e operacionalizar as ações do Estado. Nesse ponto, foi obrigado a repensar e mudar atitudes, quebrar paradigmas, modificar técnicas e métodos de trabalho, implantar nova cultura na Casa e na relação de poder e domínio da informação, motivar servidores e alterar procedimentos operacionais.

Nesse contexto, a Portaria nº 183/2011, publicada no DOC de 14.10.2011, que instituiu o Grupo de Trabalho multidisciplinar para estudar a implantação do processo eletrônico no âmbito desta Casa, revela que o Tribunal está acompanhando a corrida das mudanças tecnológicas.

Atualmente, no âmbito da Corte de Contas mineira é possível o acompanhamento da movimentação dos processos por meio do *site* institucional, exceto para os decorrentes de denúncias e outros de caráter sigiloso.

1 A tecnologia da informação

A informação é, como sempre foi, um patrimônio de valor imensurável para as organizações, que agrega valores às atividades, podendo ser traço determinante para o sucesso ou fracasso de um negócio, de uma história, de um fato, de um sistema, entre outros acontecimentos.

O homem sempre soube, ainda que de forma precária, movido apenas pelo sentimento de preservação, que era preciso guardar a informação no sentido de que os arquivos, quando ativados, mostrassem, com veracidade, a realidade de uma época.

Com a evolução da humanidade, também cresceu o volume das informações, sendo necessário melhor organizá-las, pois foi se tornando impossível armazenar tantos dados e se ter acesso rápido a eles, além do que, muito conteúdo se perdia ao longo do tempo. Nesse sentido, vários métodos de conservação e recuperação de informações e documentos foram utilizados, mas rapidamente se tornavam obsoletos. Foi nesse panorama que nasceu a tecnologia da informação (TI), como ferramental de trabalho facilitador das ações do homem na vida moderna, na busca de soluções que proporcionassem alto padrão de resultados.

Acerca do tema, Arídio Silva afirma:

> Tecnologia não é apenas um instrumento, ferramenta ou equipamento tangível: arado, óculos, computador. Tecnologia é também coisa intangível, como procedimentos, métodos, técnicas, algoritmos e notações. A lógica e a linguagem são, assim, tecnologia.[1]

É evidente o potencial transformador do uso de TI, visto produzir excelência operacional; novos produtos, serviços e modelos de negócio; melhor tomada de decisão; vantagem competitiva, entre outros. Também, notórios os impactos causados, pois provocam a geração de novas estruturas organizacionais, auxiliam na coordenação de pessoas com tarefas em comum aumentando a difusão do controle e reduzindo a hierarquia administrativa, minimizam o uso de papel e atuam na coordenação de trabalhos com ajuda da comunicação e conexões eletrônicas.[2]

Não obstante as facilidades geradas pelo uso dos recursos tecnológicos cada vez mais avançados, alavancando expressivas mudanças no ambiente interno e externo, complexa é a atividade de regular e armazenar os dados, em face da real necessidade e da qualidade dos sistemas informatizados.

---

[1] SILVA; RIBEIRO; RODRIGUES. *Sistemas de Informação na Administração Pública*: modelos em UML, p. 80.
[2] LUCAS JÚNIOR. *Tecnologia da Informação*: tomada de decisão estratégica para administradores, p. 6.

Torna-se importante reformular, contínua e exaustivamente, os processos de trabalho no contexto sistêmico, para se evitar a informatização de velhos problemas, observando-se, também, a obsolescência tecnológica.

As escolhas para o uso da TI precisam estabelecer regras de negócio, avaliar custo/benefício, tempo de execução, desempenho, competitividade e satisfação, sob pena de mitigar os objetivos propostos.

Nos dias atuais, a informatização alcança, cada vez mais, várias áreas do conhecimento, tornando-se necessidade social para, de maneira proveitosa e rápida, resguardar um bem precioso: a informação com qualidade.

2 A Era da informatização em outros Tribunais de Contas do Brasil

O desenvolvimento do Estado Democrático de Direito está a determinar o consequente aumento dos trabalhos e competências afetas aos Tribunais de Contas brasileiros e também aos órgãos públicos federais, estaduais e municipais.

Paralelamente, o uso crescente da tecnologia e a difusão dos meios de comunicação, a custos relativamente baixos, revolucionaram, irreversivelmente, o tratamento da informação, ditando, inclusive, o seu ciclo de vida.

Nesse cenário, as Cortes de Contas se viram diante da necessidade inadiável de modernizarem suas técnicas operacionais, valendo-se da informatização, com foco na qualidade, rapidez e eficiência no desenvolvimento de suas atividades constitucionais.

Sabe-se que toda mudança é marcada por um traço de revolução, necessária para abandonar comportamentos habituais e adotar os novos, por isso requer reciclagem de conhecimentos, revisão de ideias, desburocratização de procedimentos, eliminação de retrabalho, aprendizagem de novas técnicas, podendo haver, ainda, remanejamento de pessoal.

Assim, foi preciso adaptar-se à nova realidade e equipar-se com metodologias de processos mais rápidos e modernos para cumprir, em tempo hábil e com qualidade, os mandamentos constitucionais, sob pena de ter minada sua função de controle externo e receber o rótulo da inércia, da ineficiência e da ineficácia, tendo em vista o inevitável acúmulo de processos.

A partir desse impasse, vários Tribunais de Contas romperam com velhos costumes e se prepararam para entrar na era da informatização das rotinas com o objetivo de alcançar redução de custo operacional e de tempo no desempenho das atividades, melhoria qualitativa no cumprimento de suas competências e otimização de resultados.

A título de exemplo, cita-se o Tribunal de Contas de Santa Catarina que adota um sistema de fiscalização integrada para os atos de pessoal, por meio do *Sistema de Fiscalização Integrada de Gestão (e-SFINGE)*, previsto na Instrução Normativa TC nº 10/2010.

O processo é autuado eletronicamente, não há utilização de papel, o que proporciona provável economia aos cofres públicos a médio e longo prazo e contribui para a preservação do meio ambiente.

A autenticidade, a validade jurídica e integridade das informações e documentos enviados por meio eletrônico, os relatórios de instrução e deliberação, são assegurados pela utilização de certificado digital – *Infraestrutura de Chaves Públicas Brasileiras (ICP-Brasil)*.

Foi criado o "Pleno Digital", que permite o controle efetivo das deliberações do Tribunal Pleno, e o seu objetivo final é atingir a sistematização e informatização do relatório, do voto, da ata da sessão, da publicação no *DOTC-e*, das notificações, do controle de prazos, de aplicação de multas e imputação de débito.[3]

Também merece destaque a Corte de Contas do Estado do Mato Grosso do Sul que, aproveitando o seu processo de modernização, concretizou a implantação do *Sistema Informatizado de Atos de Pessoal (SICAP)*, com início em março de 2010.

O sistema permite o recebimento de informações e documentos de atos de pessoal de forma totalmente eletrônica e a tramitação dos processos é igualmente informatizada, para atos regulares ou irregulares, sem impressão de papel, ocorrendo, ainda, o acompanhamento de notificações eletrônicas.[4]

A Corte de Contas do Estado do Mato Grosso, ciente da seriedade de suas tarefas, ampliadas com a nova Constituição Federal, vem se valendo das novas tecnologias desde 1988.[5]

Com a nova versão do *Sistema de Auditoria Pública Informatizada de Contas (APLIC)*, terá totalmente informatizado os procedimentos referentes aos atos de pessoal, pretendendo, gradativamente, eliminar todos os papéis.[6]

---

[3] TCE-SC realiza treinamento para remessa eletrônica de documentos sobre atos de pessoal.
[4] TCE-MS conclui tramitação de processos de atos de pessoal 100% através do SICAP.
[5] SEROR. Tribunal na era da informatização: rapidez e eficiência. *Revista do Tribunal de Contas do Mato Grosso*.
[6] Novo Aplic permite informatização de processos de ato de pessoal. Instrumento de Cidadania. Disponível em: <http://www.tce.mt.gov.br/conteudo/show/sid/179/cid/28680/t/Novo+Aplic+permite+informatiza%E7%E 3º+de+ processos+de+atos+de+pessoal>. Acesso em: 30 set. 2011.

Com as informações sistematizadas as irregularidades são corrigidas mais rapidamente, ocasionando um melhor julgamento das contas, afirma aquele Tribunal.

O Tribunal de Contas do Estado do Amazonas também se viu forçado a utilizar os recursos tecnológicos em função da dificuldade de realizar auditoria em um Estado com grande extensão territorial. Por isso adotou um novo Sistema de Atos de Pessoal que vai permitir a *Secretaria de Controle Externo de Admissão e Aposentadoria (SECAP)*, apreciar, para fins de registro, a legalidade dos atos de ingresso, afastamento e derivado de pessoal, editais de concursos e processos seletivos, gerência de cargos e servidores, tudo com mais agilidade.

Introduziu o Diário Oficial Eletrônico e o voto eletrônico, racionalizando etapas de trabalho, de modo que o resultado auxilie a implementação do *Sistema Integrado de Processos e Documentos Eletrônicos (SPEDE)*.[7]

No Estado do Piauí, a informatização do Tribunal de Contas vem se aperfeiçoando ao longo dos anos e tem mostrado que o tempo entre a prática dos atos administrativos e seu julgamento, nos termos da lei, tem sido abreviado, respeitando-se os princípios constitucionais.[8]

Importa registrar, que o Tribunal de Contas da União (TCU) desde a década de 1970, para melhor atender às novas demandas surgidas com a reforma administrativa de 1967, vem promovendo o uso da tecnologia da informação e para tanto criou o Centro de Processamento de Dados. Sua meta inicial era alcançar atividades na área administrativa, como contabilidade e folha de pagamento. Com o tempo, o TCU quis imprimir maior desempenho das atividades na área fim, e, assim, em 1983 foi implantado o sistema eletrônico de cadastramento de processo e acompanhamento da tramitação.

Com o bom resultado alcançado, novas demandas foram estimuladas e, gradativamente, despertou aquela Casa para os benefícios com os investimentos em tecnologia.

Outro marco que identificou a TI como instrumento capaz de melhorar os resultados daquele Tribunal na atividade fim, foi a edição da Constituição Federal de 1988 que ampliou as atribuições do TCU.[9]

No que se refere ao exame dos atos de pessoal, o sistema vigente no TCU ocorre por meio eletrônico ou magnético por intermédio do Sistema

---

[7] TCE implanta novo sistema de ato de pessoal. *Tribunal de Contas do Estado do Amazonas*.
[8] ARAÚJO. Informatização no TCE-PI uma realidade: doutrina e conceitos. *Revista do Tribunal de Contas do Piauí*.
[9] SHERMAN. 30 anos de TI no TCU: passado, presente e futuro.

de Apreciação e Registro dos Atos de Admissão e Concessões (SISAC), nos termos da Instrução Normativa nº 55, de 24 de outubro de 2007.

O Estado contemporâneo converge para modernização da sua estrutura, racionalização de condutas e agilidade dos julgamentos, por acreditar que a confiança da sociedade nos órgãos públicos está ligada à capacidade de rápida tomada de decisão e sua efetiva execução para solucionar conflitos, e o processo virtual confere transparência à atividade jurídica e agilidade à demanda, além do que os arquivos digitalizados podem ser acessados pelas partes em qualquer lugar do mundo, via internet.[10]

3 A necessidade de sistema informatizado no Tribunal de Contas do Estado de Minas Gerais

Ao longo dos anos, o exame técnico, individual e minucioso dos processos de aposentadoria, reforma e pensão no Tribunal de Contas, compreendendo a Administração Direta e Indireta do Estado de Minas Gerais, os Municípios mineiros que implantaram regime próprio de previdência e os que, sujeitos ao Regime Geral de Previdência Social (RGPS) pratiquem atos de complementação de proventos mediante previsão legal, não conseguiu ficar passo a passo com o ritmo da documentação enviada pelos jurisdicionados e o resultado foi o acúmulo de processos referentes às matérias.

Diante do elevado estoque de processos em contínuo crescimento, o Tribunal tomou providências que visavam mudar o cenário. Para tanto, a Diretoria de Análise de Atos de Admissão, Aposentadoria, Reforma e Pensão elaborou proposta de racionalização dos procedimentos para exame dos processos de aposentadoria, aprovada em reunião dos Membros do Conselho, no Gabinete da Presidência, em 5.4.2004[11] e foi editada a Ordem de Serviço nº 1 de 19.04.2004 alterada pela de nº 3 de 14.06.2004, fixando regras de trabalho simplificadas para exame dos autos.

Assim, alcançou-se uma redução expressiva no estoque, mas ainda longe do resultado desejado.

Posteriormente, com o advento da Ordem de Serviço nº 4, de 10.7.2006, os novos procedimentos foram estendidos à análise dos processos de reforma, pensão e apostila retificatória, em tramitação na Casa.

---

[10] TECNOLOGIA da Informação como instrumento de trabalho.
[11] TCE-MG. Ordem de Serviço nº 1, de 19.4.2004.

Por volta do ano de 2009, o estoque físico de processos que tramitavam no Tribunal foi estimado em oitenta e sete mil,[12] número preocupante frente à necessidade de se imprimir resultados consistentes revestidos de rapidez, eficiência, eficácia e transparência no cumprimento da missão constitucional outorgada à Corte de Contas, além do reduzido prazo para dar solução aos processos passíveis de compensação financeira entre o Regime Geral de Previdência Social (RGPS) e os regimes próprios de previdência, nos termos da legislação aplicável,[13] que tinham registro no Tribunal de Contas como pressuposto necessário. Restou a necessidade de dar ágil solução aos processos de aposentadoria e de pensão cujos benefícios seriam compensados com recursos do RGPS, gerido pelo Instituto Nacional do Seguro Social (INSS), o qual estabeleceu prazo para que os jurisdicionados requeressem a compensação previdenciária.

A grande quantidade de atos de pessoal a serem processados e registrados pela Corte de Contas exigiu ações que alavancassem maior redução no quantitativo de processos, já que as medidas até então adotadas não foram suficientes para limitar o estoque a níveis favoráveis.

Foi nesse panorama que o Tribunal se viu compelido a repensar os procedimentos adotados para exame e criar um novo formato para o processamento dos atos de pessoal, sem comprometer a qualidade da análise processual.

Novo desafio então se apresentou ao órgão de controle, obrigado a investir de forma mais ousada nos recursos da tecnologia para melhor operacionalizar suas ações de trabalho. Com essas premissas, o Tribunal de Contas do Estado de Minas tomou medidas inovadoras no sentido de dar solução mais rápida aos processos de atos de pessoal.

Assim, modificou, substancialmente, a forma de fiscalizar os atos de aposentadoria, reforma e pensão. Introduziu o exame *in loco*, por meio de inspeções e auditorias e a remessa eletrônica das informações referentes aos mencionados atos. Determinou, ainda, a devolução dos documentos constantes dos autos processuais em papel, para adequação à nova sistemática, excetuados os processos sujeitos à aplicação da Súmula TCEMG nº 105/2007 e os já analisados pela Unidade Técnica.[14]

---

[12] TCE-MG. Processo nº 838092, p. 43.
[13] Lei nº 9.796/1999, Decreto nº 3.112/1999, Lei nº 10.666/2003 e Medida Provisória nº 496/2010 convertida na Lei nº 12.348/2010.
[14] TCE-MG. Instrução Normativa nº 7/2009 e suas alterações e Resolução nº 8/2009.

Naquele tempo, a Casa promoveu mutirões e a aplicação da Súmula nº 105/2007, publicada no Diário Oficial do Estado de Minas Gerais de 26/09/2007 que determina:

> Nas aposentadorias, reformas e pensões concedidas há mais de cinco anos, bem como nas admissões ocorridas em igual prazo, contado a partir da entrada do servidor em exercício, o Tribunal de Contas determinará o registro dos atos que a Administração já não puder anular, salvo comprovada má-fé.

Nesse sentido, em 5.10.2007, foi publicada a Emenda à Constituição Estadual nº 78/2007, que introduziu no art. 76 do texto constitucional o §7º, assegurando ao Tribunal de Contas a observância dos institutos da prescrição e da decadência.

Importa mencionar que o Projeto de Lei Complementar (PLC) nº 8/2011, em seu art. 9º, acrescenta à Lei Complementar nº 102/2008 – Lei Orgânica do TCEMG, os arts. 110-A a 110-I, que constituem o Título V-A – Da Prescrição e da Decadência, pendente de sanção do Governador.

4 A evolução de sistemas informatizados no Tribunal de Contas do Estado de Minas Gerais

No ano de 1989, o Tribunal de Contas do Estado de Minas Gerais deu o primeiro passo rumo à informatização assinando convênio com a Companhia de Processamentos de Dados de Minas Gerais (PRODEMGE). Decidiu-se por um planejamento de curto prazo que convergia para a automatização da folha de pagamento, a administração de processos e a gestão de recursos humanos.

Primeiramente, a PRODEMGE promoveu a implantação do sistema de folha de pagamento (ZCAA), e de gestão de recursos humanos (ZCAB). Posteriormente, em 1990, para desenvolver o sistema de administração de processos (ZCAC) foi criada a Central de Processamento de Dados.

Naquele tempo, as dificuldades eram muitas, mas a que liderava era resistência às mudanças, principalmente de ordem cultural, que obrigatoriamente decorreriam da automatização das rotinas de trabalho.

Então, em 1993, foi adquirido o primeiro computador — *EDISA ED-600* —, que conectado a 25 terminais multiusuários, permitia a edição de textos e construção de planilhas por meio do *N Office*.

Oportunamente, investiu-se, significativamente, em recursos e sistemas, possibilitando, após o trabalho de preparação dos recursos humanos, reorganização e adaptação institucional, a construção do primeiro programa de prestação de contas anuais, o *Sistema Informatizado de Parecer Prévio (SIPP)*. O sistema representou um instrumento facilitador no processo de prestação de contas para os gestores do Executivo e do Legislativo municipais, cuja prestação passou a ser entregue em disquete.[15]

Prosseguiu a Corte de Contas utilizando-se dos recursos oferecidos pela informática, desenvolvendo sistemas departamentais para atender demandas específicas, não obstante as dificuldades, e, em 1996, foi implantado o *Sistema Gerencial de Administração de Processos (SGAP)*, atualmente chamado de Sistema de Gestão e Administração de Processos.[16]

Entre outros sistemas informatizados que foram desenvolvidos e aperfeiçoados para atender diferenciadas demandas, o Tribunal de Contas vem trabalhando para dar tratamento adequado aos atos de pessoal, especialmente, aos atos de aposentadoria, reforma e pensão, objeto do presente trabalho.

Com a criação e implantação do *Sistema Informatizado de Aposentadoria (SIA)*, o Tribunal deu o primeiro passo nessa direção. O sistema possibilitava o cadastro dos processos pela área técnica para subsidiar a análise.

Posteriormente, em 2001 foi contratada a Fundação de Desenvolvimento e Pesquisa da Universidade Federal de Minas Gerais, com o objetivo de desenvolver sistema que permitisse a coleta/remessa de dados pelos jurisdicionados por meio da Internet.[17]

Em 2003, foi contratada uma consultoria externa objetivando orientar a implantação de solução tecnológica para os atos de pessoal. Foi constituída a comissão para desenvolver o *Sistema de Informação e Análise de Atos de Admissão, Aposentadoria, Reforma e Pensão (SIARP)*, que tinha como principal desafio acelerar a diminuição de um estoque de aproximadamente cem mil processos e atender a demanda de novos processos por meio de remessa eletrônica.[18]

---

[15] CASTRO. Informática: suportes operacional, à automação e desenvolvimento e administração de dados e redes. *Revista do Tribunal de Contas do Estado de Minas Gerais*.
[16] CASTRO. Informática: suportes operacional, à automação e desenvolvimento e administração de dados e redes. *Revista do Tribunal de Contas do Estado de Minas Gerais*.
[17] TCE-MG Processo nº 838092, p. 38.
[18] *Ibidem*.

A Casa caminhou, alguns anos, na busca de desenvolvimento de um sistema informatizado mais adequado à solução dos problemas detectados, sem, contudo, equacioná-los satisfatoriamente. Assim, decidiu-se por um redesenho das dificuldades, e, em 2009 foi identificada a necessidade de criar um sistema que possibilitasse alcançar mais racionalidade, eficiência e produtividade no exame de processos, com maior celeridade da tramitação e, consequentemente, mais agilidade nas tomadas de decisões. Nesse panorama, pensou-se numa nova proposta de sistema que, além de possibilitar a criação e manutenção de banco de dados eletrônico prestigiando a rapidez, a segurança e a integridade, comportasse o recebimento de informações básicas necessárias ao exame dos atos concessórios, dispensando o envio de documentos físicos.

Assim, apresentava-se imperativa a definição das ações estratégicas, regras de negócio, arquitetura adequadamente desenhada e alinhada aos requisitos legais e políticos, de modo a chegar, com sucesso, aos resultados pretendidos.

Nessa senda, idealizou-se o *Sistema Informatizado de Fiscalização de Atos de Pessoal (FISCAP)*.

5 O Sistema Informatizado de Fiscalização de Atos de Pessoal (FISCAP)

O FISCAP é um sistema informatizado inovador na Corte de Contas mineira, instituído pela Instrução Normativa nº 7/2009, aprovada na Sessão Plenária de 19.08.2009, regulamentada pela Resolução nº 8/2009, publicadas no Diário Oficial do Estado de Minas Gerais de 26.08.2009, que se fundamenta na verificação do implemento dos requisitos constitucionais dos atos concessórios de benefícios previdenciários e atos de cancelamentos, para fins de registro/averbação.

O sistema foi criado com o objetivo de dar existência a novas regras e procedimentos para o envio dos atos de aposentadoria, reforma e pensão, bem como aos atos de complementação de proventos e aos de cancelamento dos benefícios, assegurar agilidade no exame, de modo a reduzir o estoque de processos e agilizar a compensação financeira entre os regimes previdenciários, conforme exigência legal.

Seu desenho permitiu ao Tribunal receber, por meio eletrônico, informações necessárias ao exame do cumprimento dos requisitos constitucionais, abarcando os atos desde 5.10.1988, tornando desnecessário o envio dos respectivos documentos.

Com a organização e sistematização dos dados, foi possível a padronização das informações, o que resultou na esperada celeridade dos trabalhos e expressiva redução de diligências externas.

Com a implantação da nova sistemática, o Tribunal de Contas mudou o foco da ação fiscalizatória dos atos de pessoal, e adotou como forma básica de fiscalizar os atos concessórios dos benefícios previdenciários e seus cancelamentos, a realização de inspeções e auditorias *in loco* e o envio de informações por meio eletrônico.

Propiciou às equipes técnicas do Tribunal e à parte interessada fácil acesso à documentação física produzida pelo jurisdicionado, visto que foram estabelecidos critérios de guarda no órgão de origem.

As informações enviadas por meio do sistema passam pelo crivo de críticas preliminares, conforme parâmetros predefinidos com o fim de identificar irregularidades.

Cabe destacar, que se encontra em desenvolvimento o "Módulo de Editais de Concurso Público" para inserção no FISCAP, bem como estão sendo realizados novos estudos e levantamentos referentes aos atos de admissão de pessoal, objetivando o aperfeiçoamento do sistema para atender às novas demandas.

As evoluções pretendidas, sem dúvida, serão ricos instrumentos para que a Corte de Contas venha cumprir com zelo, transparência e prudência sua competência constitucional na fiscalização da gestão da coisa pública, numa visão de vanguarda, modernidade, confiabilidade e correta responsabilização das partes envolvidas.

Atualmente, o FISCAP é gerido pela Instrução Normativa nº 3/2011 e pela Resolução nº 5/2011, publicadas no Diário Oficial de Contas (DOC), de 5.5.2011, que introduziram modificações no sistema objetivando o seu aprimoramento.

O que orientou a nova regulamentação foi a necessidade de dar tratamento ainda mais rápido e eficiente aos atos criticados pelo FISCAP, notadamente àqueles que não eram alvos de inconsistências, ou seja, os considerados regulares.

A tomada de decisão para alterar os atos normativos até então vigentes foi construída de forma compartilhada, consensual e democrática, dada a relevância e complexidade da matéria.

O envolvimento da Corte na preparação do novo documento comprovou que já era tempo de tomar novas decisões, de estudar sob novas perspectivas a inserção de outras funcionalidades no sistema, bem como de utilizar tecnologia mais avançada para simplificar os procedimentos. Era preciso equilibrar, com maturidade e qualidade, a balança de entrada e saída dos atos de pessoal alcançados pelo sistema.

Entre as alterações estão a inclusão da tramitação em bloco dos processos regulares, a previsão que desobriga de enviá-los ao Ministério Público junto ao Tribunal de Contas para emissão de parecer, tendo, entretanto, sido determinado constar dos autos a manifestação do órgão ministerial referente à validação da estrutura de funcionamento do sistema.[19]

Destaca-se também o envio digitalizado dos atos e da certidão de tempo de serviço/contribuição, remessa mensal das informações pelos jurisdicionados admitindo uma retificação sem alterar os dados anteriormente enviados, obrigatoriedade de se pronunciar quando não enviar informações — remessa vazia, adoção da assinatura digital com base em certificado emitido por autoridade certificadora credenciada para as remessas a partir de 1º.01.2012.[20]

Dada a importância da matéria, os trabalhos do FISCAP são acompanhados pela Diretoria de Tecnologia e Informação e pela Comissão de Apoio à Fiscalização de Atos de Pessoal. Nesse sentido, foi também editada a Resolução nº 9/2011 que criou o Comitê de Validação Tecnológica para acompanhamento e aprimoramento dos sistemas informatizados no Tribunal, e a Portaria nº 127/PRES/2011, que especificamente instituiu o Comitê de Validação Tecnológica (FISCAP).[21]

5.1 A tecnologia do sistema

O FISCAP foi desenvolvido em linguagem de programação *Java Edição Empresarial* (JEE), uma das linguagens mais utilizadas para desenvolvimento de sistemas, e Banco de Dados *ORACLE 10 g* (Sistema Gerenciador de banco de dados de alta capacidade e performance), considerado o banco de dados mais rápido e seguro. Assegura acesso restrito às informações, utilizando-se de modernos padrões de segurança como *p. e., criptografia modelo MD5, captcha,* entre outros.

---

[19] TCE-MG Resolução nº 5/2011.
[20] TCE-MG. Instrução Normativa nº 3/2011.
[21] Em continuidade à implantação do sistema, o Tribunal, no exercício de sua função pedagógica, apresentou o FISCAP para cerca de 800 jurisdicionados no evento *Apresentação e Treinamento do Sistema de Fiscalização de Atos de Pessoal*, realizado neste Tribunal em 18.11.2009; na Assembleia Legislativa do Estado de Minas Gerais, em 06.10.2011; no *II Seminário Regional da Associação Mineira dos Institutos de Previdência Municipal* – Uberlândia, em 09.09.2011; *no Encontro Nacional do Grupo de Atos de Pessoal* – GAP, realizado em Porto Alegre em 30.09.2011, entre outros. Para o público interno foram realizadas apresentações, treinamentos específicos e disponibilizadas no *link* da Escola de Contas do Tribunal, na *intranet*, as críticas efetuadas pelo FISCAP.

5.2 A necessidade de ações conjuntas

Com a nova visão direcionada ao controle externo referente aos atos de pessoal aqui tratados, surgiu a necessidade de implementar outras medidas que, conjuntamente, pudessem otimizar resultados. A função pedagógica exercida pelo Tribunal de Contas tornou-se mais relevante.

Como Relator do Processo nº 838092 do Tribunal, que tratou da alteração dos atos normativos do FISCAP, o Conselheiro Sebastião Helvecio sugeriu:
- treinamento técnico e do funcionamento do sistema para os jurisdicionados, a exemplo de *workshops*, canal *web* no portal do Tribunal, objetivando reduzir o índice de inconsistências apuradas no sistema, pois verificou-se que o maior percentual refere-se a incorreções no preenchimento de campos do FISCAP;
- investimento na capacitação profissional do corpo técnico do Tribunal com vistas ao treinamento e aperfeiçoamento para o novo modelo de atividades;
- contratação do Serviço Federal de Processamento de Dados (SERPRO) para viabilizar o acesso via *web*, à base de dados cadastrais da Receita Federal, para fins de validação dos dados informados pelos jurisdicionados a partir do Cadastro de Pessoas Físicas (CPF);
- elaboração de manual/cartilha/perguntas e respostas dirigidas ao usuário;
- planejamento e efetivação das inspeções e auditorias *in loco*; e
- implementação de medidas para inclusão da assinatura digital do responsável pelas informações enviadas via sistema, entre outras.

5.3 Os produtos gerados pelo FISCAP

O sistema como está formatado é capaz de gerar produtos que representam rica ferramenta de trabalho, que, com certeza, irão impactar, positivamente, nos resultados das atividades de controle externo.

Os relatórios estatísticos e gerenciais gerados pelo sistema podem fornecer subsídios para apoiar a tomada de decisões, facilitar o planejamento e gerenciamento das inspeções e auditorias *in loco*, fornecer parâmetros para construção de matriz de risco, subsidiar os trabalhos da Comissão de Fiscalização Integrada, podendo indicar, ainda, com maior precisão, o destino das inspeções e a prioridade das ações pedagógicas deste Tribunal.

Por fim, entre as diversas vantagens oferecidas pelo sistema, vale ressaltar, ainda:
- o sistema é utilizado pelos jurisdicionados como ferramenta de apoio e gestão dos atos de concessão/cancelamento de benefício, dispensando a necessidade de criação de sistema próprio para manter as informações;
- cadastro obrigatório das normas legais referentes aos atos de concessão/cancelamento, com anexação do texto integral;
- cadastro obrigatório do teto remuneratório e período de vigência;
- cadastro de signatários, com especificação da vigência e fundamentação legal da competência para assinatura dos atos;
- cadastro de cargos com especificação da norma legal da criação/alteração/extinção e anexação do seu texto;
- redução do uso de papel com impressão;
- obrigatoriedade de enviar declaração de não concessão/cancelamento no período da remessa – remessa vazia.[22]

Conclusão

Diante do exposto, pode-se dizer que, por muito tempo, acreditou-se que o exame cartorial era o caminho mais adequado para os atos de pessoal. O tempo comprovou que não, pois os processos se arrastavam por anos e anos, atrasando a tomada de decisões. Concluiu-se que, na prática, é preciso evoluir, absorvendo as tecnologias disponíveis, prevenindo riscos e corrigindo desvios.

O FISCAP contribuiu para estreitar a parceria entre jurisdicionado e Tribunal, definindo melhor as responsabilidades possibilitando acelerar as atividades de fiscalização.

Na verdade, o FISCAP, no futuro próximo, não se negará a ser um sistema de gerência de informações para estabelecer metas de fiscalização, risco, materialidade e relevância, além de promover auditoria da folha de pagamento — legalidade da despesa pública. Para isso, o Tribunal precisará romper ainda mais com outros tradicionais costumes, sem prejuízo da qualidade da prestação dos serviços públicos, buscando atender à expectativa e satisfação dos cidadãos.

---

[22] TCE-MG. Expediente nº 62/2011 – Comissão de Apoio à Fiscalização de Atos de Pessoal.

Sem dúvida, nas próximas ações do Tribunal de Contas, serão implementadas medidas necessárias para evolução do FISCAP tornando-o, ainda, mais eficiente e confiável, de estrutura funcional mais ágil e moderna, um instrumento de excelência na busca de uma gestão administrativa de conhecimento estratégico, responsável e equilibrada.

A sociedade ganhou, pois com a celeridade imprimida aos trabalhos de fiscalização dos atos de pessoal, as ações da Casa convergiram para o resultado esperado com a edição da Emenda à Constituição nº 45/2004, que introduziu no art. 5º da Carta da República – Dos direitos e Garantias Fundamentais, o inciso LXXVIII, assegurando a todos o direito a terem seus processos examinados num prazo razoável. Via de consequência, outro direito poderá ser efetivamente exercido pelo cidadão — o de ter uma resposta do Estado em tempo hábil para, caso não concorde, tomar as medidas necessárias à revisão da decisão administrativa.

Com dinamismo, perseverança, comprometimento e seriedade, no futuro, será possível verificar "a oportunidade de ver nascer um novo Tribunal, cujo perfil fiscalizador será condizente"[23] com aquele que o legislador deixou estampado na Constituição Cidadã, vale dizer, a sociedade controlando as ações do governo — no pleno exercício do controle social.

Referências

ALECRIM, Emerson. O que é Tecnologia da Informação – TI?. *Info Wester*, 24 fev. 2011. Disponível em: <http://www.Infowester.com/ti.php>. Acesso em: 15 set. 2011.

ARAÚJO, Patrício Piauiense Soares de. Informatização no TCE-PI: uma realidade: doutrina e conceitos. *Revista do Tribunal de Contas do Piauí*, ano 21, n. 3, dez. 1995.

ATHENIENSE, Alexandre Rodrigues. As controvérsias do peticionamento eletrônico após a Lei 11.419/2006. *Conteúdo Jurídico*, Brasília, 05 mar 2009. Disponível em: <http://www.conteudojuridico.com.br/?artigo&ver=2.23309>. Acesso em: 31 mar. 2009.

CASTRO, Flávio Regis Carvalho de Moura e. Informática: suportes operacional, à automação e desenvolvimento e administração de dados e redes. *Revista do Tribunal de Contas do Estado de Minas Gerais*, v. 56, n. 3, jul./set. 2005.

CLEMENTINO, Edilberto Barbosa. *Processo judicial eletrônico*. Curitiba: Juruá, 2009.

DI PIETRO, Maria Sylvia Zanella. *Direito administrativo*. 19. ed. São Paulo: Atlas, 2006.

EVOLUÇÃO histórica da fiscalização de Tecnologia da Informação no TCU. 17 de Julho de 2011. Disponível em: <http://portal2.tcu.gov.br/portal/page/portal/TCU/comunidades/tecnologia_informacao/sobresefti/historia>. Acesso em: 30 out. 2011.

---

[23] SEROR. Tribunal na era da informatização: rapidez e eficiência. *Revista do Tribunal de Contas do Mato Grosso*, p. 49.

LUCAS JUNIOR, Henry C. *Tecnologia da Informação*: tomada de decisão estratégica para administradores. Rio de Janeiro: LTC, 2006.

MIRANDA, Silvana Vieira de. A gestão da informação e a modelagem de processos. Rio de Janeiro. *Revista do Serviço Público*, v. 61, n. 1, jan./mar. 2010.

NOVO Aplic permite informatização de processos de ato de pessoal. *Instrumento de Cidadania*, sexta, 09 set. 2011, 16h16.

SEROR, Benedito Carlos Teixeira. Tribunal na era da informatização: rapidez e eficiência. *Revista do Tribunal de Contas do Mato Grosso*, ano 5, n. 9, fev. 1989.

SHERMAN, Augusto Cavalcanti. 30 anos de TI no TCU: Passado, Presente e Futuro. Disponível em: <portal2.tcu.gov.br/portal/pls/portal/docs/783742.PDF>. Acesso em: 20.10.2011.

SILVA, Arídio; RIBEIRO, José Araújo; RODRIGUES, Luiz Alberto. *Sistemas de Informação na Administração Pública*: modelos em UML. Rio de Janeiro: Revan, 2004.

SOARES, Breno; PRESSWELL, Helen; DELL'ORO, Ornella. FISCAP- Fiscalização dos Atos de Pessoal. *In*: ENCONTRO NACIONAL DO GRUPO DE ATOS DE PESSOAL – GAP, 30 set. 2011, Porto Alegre. Apresentação em Power Point.

TCE implanta novo sistema de ato de pessoal. *Tribunal de Contas do Estado do Amazonas*, 07 maio 2010. Disponível em: <http://tc-am.jusbrasil.com.br/noticias/2179524/tce-implanta-novo-sistema-de-ato-de-pessoal>. Acesso em: 30 set. 2011.

TCE-AM inicia informatização de processos. 07 abr. 2011. Disponível em: <http://www.tce.am.gov.br/portal/?p=1055>. Acesso em: 1º nov. 2011.

TCE-MS conclui tramitação de processos de atos de pessoal 100% através do SICAP. Quinta, 15 set. 2011. Disponível em: <http://www.tce.ms.gov.br/portal/lista_clipping/detalhes/1931>. Acesso em: 30 set. 2011.

TCE-SC realiza treinamento para remessa eletrônica de documentos sobre atos de pessoal. Disponível em: <http://www.tce.sc.gov.br/web/noticias/noticia/2543>. Acesso em: 30 set. 2011.

TECNOLOGIA da Informação como instrumento de trabalho. Disponível em: <http://www.stj.jus.br/portalstj/publicacao/engine.wsp?tmp.area=398&tmp.texto=97896>. Acesso: 30 out. 2011.

TEIXEIRA, Flávio. TCE-MS apresenta SICAP em encontro Nacional de Atos de Pessoal. Notícias, 26 set. 2011. Disponível em: <http://www.tce.ms.gov.br/portal /lista_noticias/detalhes/193941>. Acesso em: 30 set. 2011.

ZANON JUNIOR, Orlando Luiz. Razoável duração do processo: a celeridade como fator de qualidade na prestação da tutela jurisdicional. *Jus Navigandi*, Teresina, ano 14, n. 2086, 18 mar. 2009. Disponível em: <http://jus.uol.com.br/revista/texto/12483>. Acesso em: 04 abr. 2011.

Informação bibliográfica deste texto, conforme a NBR 6023:2002 da Associação Brasileira de Normas Técnicas (ABNT):

SILVA, Mariléa da. O sistema informatizado de atos de pessoal no Tribunal de Contas do Estado de Minas Gerais. *In*: GUERRA, Evandro Martins; CASTRO, Sebastião Helvecio Ramos de (Coord.). *Controle Externo*: estudos temáticos. Belo Horizonte: Fórum, 2012. p. 141-157 . ISBN 978-85-7700-604-5.

UM NOVO OLHAR TRAZIDO PELO CONSELHEIRO SEBASTIÃO HELVECIO SOBRE AS PRESTAÇÕES DE CONTAS DOS REPRESENTANTES DO EXECUTIVO MUNICIPAL E AS MODIFICAÇÕES INTRODUZIDAS NO PARECER PRÉVIO

ROSANE MEIRE VINAGRE
LETÍCIA REZENDE PAIVA

Introdução

O tempo às vezes parece escoar a cada dia sem grandes mudanças, mas não é o que se vê ultimamente. Com o advento da internet, a disseminação das informações de forma até quase instantânea tem modificado radicalmente os costumes, o comportamento e a mentalidade das pessoas com uma rapidez impressionante. O acesso à informação vem modificando a atitude e a compreensão dos cidadãos. Esses, cada vez mais cônscios de seus direitos, não admitem mais meias verdades e as crenças de que o poder dos políticos é ilimitado e que não há o que se fazer contra a ordem estabelecida.

Recentemente, a chamada Primavera Árabe — uma onda revolucionária de manifestações e protestos que vêm ocorrendo no Oriente Médio e no Norte da África desde 18 de dezembro de 2010 — é um ótimo exemplo dessa forma de agregação. Os protestos têm compartilhado técnicas de resistência civil em campanhas bem articuladas, envolvendo greves, manifestações, passeatas e comícios, bem como o uso das mídias sociais, como *Facebook, Twitter* e *Youtube*, a fim de organizar, comunicar e sensibilizar a população e a comunidade internacional em face de tentativas de repressão e censura na Internet por partes dos Estados. Como é possível verificar, a mobilização que a internet e as redes sociais proporcionam tem modificado o perfil de seus participantes e de todo o círculo de pessoas à sua volta.

Essas modificações chegaram também ao Tribunal de Contas, que percebeu rapidamente essas transformações e vem se adequando — já participa da rede *Twitter* — e tentando chegar sempre onde o jurisdicionado está, mostrando de forma real sua atuação.

Neste artigo, será demonstrado como a renovação salutar que ocorre no corpo dos Conselheiros pode trazer mudanças interessantes no enfoque de emissão de parecer prévio e auxiliar, uma vez que é seu dever Constitucional, a tomada de decisão dos integrantes do Legislativo Municipal no processo de julgamento das prestações de contas anuais dos chefes do Executivo.

1 A função constitucional do Tribunal de Contas na emissão do parecer prévio sobre a prestação de contas do chefe do Poder Executivo

A Constituição Federal de 1988, a Constituição Cidadã, assim define a competência das Cortes de Contas:

> Art. 70. A fiscalização contábil, financeira, orçamentária, operacional e patrimonial da União e das entidades da administração direta e indireta, quanto à legalidade, legitimidade, economicidade, aplicação das subvenções e renúncia de receitas, será exercida pelo Congresso Nacional, mediante controle externo, e pelo sistema de controle interno de cada Poder.
>
> Parágrafo único. Prestará contas qualquer pessoa física ou entidade pública que utilize, arrecade, guarde, gerencie ou administre dinheiros, bens e valores públicos ou pelos quais a União responda, ou que, em nome desta, assuma obrigações de natureza pecuniária.
>
> Parágrafo único. Prestará contas qualquer pessoa física ou jurídica, pública ou privada, que utilize, arrecade, guarde, gerencie ou administre dinheiros, bens e valores públicos ou pelos quais a União responda, ou que, em nome desta, assuma obrigações de natureza pecuniária. (Redação dada pela Emenda Constitucional nº 19, de 1998)

Art. 71. O controle externo, a cargo do Congresso Nacional, será exercido com o auxílio do Tribunal de Contas da União, ao qual compete:

I - apreciar as contas prestadas anualmente pelo Presidente da República, mediante parecer prévio que deverá ser elaborado em sessenta dias a contar de seu recebimento;

II - julgar as contas dos administradores e demais responsáveis por dinheiros, bens e valores públicos da administração direta e indireta, incluídas as fundações e sociedades instituídas e mantidas pelo Poder Público federal, e as contas daqueles que derem causa a perda, extravio ou outra irregularidade de que resulte prejuízo ao erário público;

III - apreciar, para fins de registro, a legalidade dos atos de admissão de pessoal, a qualquer título, na administração direta e indireta, incluídas as fundações instituídas e mantidas pelo Poder Público, excetuadas as nomeações para cargo de provimento em comissão, bem como a das concessões de aposentadorias, reformas e pensões, ressalvadas as melhorias posteriores que não alterem o fundamento legal do ato concessório;

IV - realizar, por iniciativa própria, da Câmara dos Deputados, do Senado Federal, de Comissão técnica ou de inquérito, inspeções e auditorias de natureza contábil, financeira, orçamentária, operacional e patrimonial, nas unidades administrativas dos Poderes Legislativo, Executivo e Judiciário, e demais entidades referidas no inciso II;

V - fiscalizar as contas nacionais das empresas supranacionais de cujo capital social a União participe, de forma direta ou indireta, nos termos do tratado constitutivo;

VI - fiscalizar a aplicação de quaisquer recursos repassados pela União mediante convênio, acordo, ajuste ou outros instrumentos congêneres, a Estado, ao Distrito Federal ou a Município;

VII - prestar as informações solicitadas pelo Congresso Nacional, por qualquer de suas Casas, ou por qualquer das respectivas Comissões, sobre a fiscalização contábil, financeira, orçamentária, operacional e patrimonial e sobre resultados de auditorias e inspeções realizadas;

VIII - aplicar aos responsáveis, em caso de ilegalidade de despesa ou irregularidade de contas, as sanções previstas em lei, que estabelecerá, entre outras cominações, multa proporcional ao dano causado ao erário;

IX - assinar prazo para que o órgão ou entidade adote as providências necessárias ao exato cumprimento da lei, se verificada ilegalidade;

X - sustar, se não atendido, a execução do ato impugnado, comunicando a decisão à Câmara dos Deputados e ao Senado Federal;

XI - representar ao Poder competente sobre irregularidades ou abusos apurados.

§1º No caso de contrato, o ato de sustação será adotado diretamente pelo Congresso Nacional, que solicitará, de imediato, ao Poder Executivo as medidas cabíveis.

§2º Se o Congresso Nacional ou o Poder Executivo, no prazo de noventa dias, não efetivar as medidas previstas no parágrafo anterior, o Tribunal decidirá a respeito.

§3º As decisões do Tribunal de que resulte imputação de débito ou multa terão eficácia de título executivo.

§4º O Tribunal encaminhará ao Congresso Nacional, trimestral e anualmente, relatório de suas atividades.

No caso do Tribunal de Contas do Estado de Minas Gerais, a competência foi constitucionalmente estabelecida no art. 76, *in verbis*:

Art. 76. O controle externo, a cargo da Assembleia Legislativa, será exercido com o auxílio do Tribunal de Contas, ao qual compete:
I - apreciar as contas prestadas anualmente pelo Governador do Estado e sobre elas emitir parecer prévio, em sessenta dias, contados de seu recebimento;
II - julgar as contas dos administradores e demais responsáveis por dinheiro, bem ou valor públicos, de órgão de qualquer dos Poderes ou de entidade da administração indireta, facultado valer-se de certificado de auditoria passado por profissional ou entidade habilitados na forma da lei e de notória idoneidade técnica;

Art. 180 - A Câmara Municipal julgará as contas do Prefeito, mediante parecer prévio do Tribunal de Contas, que terá trezentos e sessenta dias de prazo, contados de seu recebimento, para emiti-lo, na forma da lei.

§1º Como procedimento fiscalizador e orientador, o Tribunal de Contas realizará habitualmente inspeções locais nas Prefeituras, Câmaras Municipais e demais órgãos e entidades da administração direta e da indireta dos Municípios.

§2º As decisões do Tribunal de Contas de que resulte imputação de débito ou multa terão eficácia de título executivo.

§3º No primeiro e no último ano de mandato do Prefeito Municipal, o Município enviará ao Tribunal de Contas inventário de todos os seus bens móveis e imóveis.

§4º O Tribunal de Contas exercerá, em relação ao Município e às entidades de sua administração indireta, as atribuições previstas no art. 76 desta Constituição, observado o disposto no art. 31 da Constituição da República.

2 A prestação de contas do chefe do Poder Executivo

Quanto à fiscalização do Município, a Constituição Cidadã diz:

Art. 31. A fiscalização do Município será exercida pelo Poder Legislativo Municipal, mediante controle externo, e pelos sistemas de controle interno do Poder Executivo Municipal, na forma da lei.

§1º O controle externo da Câmara Municipal será exercido com o auxílio dos Tribunais de Contas dos Estados ou do Município ou dos Conselhos ou Tribunais de Contas dos Municípios, onde houver.

§2º O parecer prévio, emitido pelo órgão competente sobre as contas que o Prefeito deve anualmente prestar, só deixará de prevalecer por decisão de dois terços dos membros da Câmara Municipal.

§3º As contas dos Municípios ficarão, durante sessenta dias, anualmente, à disposição de qualquer contribuinte, para exame e apreciação, o qual poderá questionar-lhes a legitimidade, nos termos da lei.

§4º É vedada a criação de Tribunais, Conselhos ou órgãos de Contas Municipais.

A seu turno, a Instrução Normativa nº 8/2008 do Tribunal de Contas dispõe sobre as contas anuais, prestadas pelo Chefe do Poder Executivo Municipal.

Art. 1º As contas anuais prestadas pelo Chefe do Poder Executivo, para fins de emissão de parecer prévio, deverão conter os balanços gerais do Município, nos quais constarão dados relativos à execução financeira, patrimonial e orçamentária dos órgãos da administração direta, consolidados com as contas do Chefe do Poder Legislativo, e com as contas das entidades da administração indireta municipal.

§1º As contas anuais referidas no caput deste artigo se farão acompanhar do relatório produzido pelo órgão de controle interno, nos termos desta Instrução, bem como do parecer elaborado pelo Conselho do FUNDEB na forma da Instrução Normativa que trata da aplicação de recursos financeiros na manutenção e desenvolvimento do ensino.

§2º As operações relativas ao Fundo Municipal de Assistência Social poderão ser evidenciadas tanto como unidade orçamentária do Município quanto como subunidade do órgão ou da entidade a que estiver vinculado, no quadro "Comparativo da Despesa Autorizada com a Realizada", e serão detalhadas, de forma consolidada, no quadro "Demonstrativo de Origem e Aplicação de Recursos do FMAS".

Art. 2º As contas anuais serão prestadas por meio do sistema informatizado, disponibilizado pelo Tribunal de Contas, intitulado SIACE/PCA, não se admitindo a prestação das informações por outros meios.

Art. 3º Compete ao Chefe do Poder Executivo que estiver no exercício do cargo apresentar as contas a este Tribunal.

3 O parecer prévio

O parecer prévio é a análise produzida pelo corpo técnico do Tribunal de Contas a partir das demonstrações contábeis e legais produzidas pelos chefes do Poder Executivo Municipal.

No estudo, quando detectada alguma irregularidade, abre-se vista ao gestor e há a oportunidade para que possa se esclarecer a dúvida suscitada. E, após análise da unidade técnica e o parecer do Ministério Público de Contas, o relator das contas elabora seu voto, que é levado à Câmara competente para que o colegiado as aprecie.

Evandro Martins Guerra assim define o parecer prévio emitido pelo colegiado do Tribunal de Contas:

> Esse parecer é uma peça técnica, instrumento de apreciação das contas que dará suporte para o julgamento delas pelo Poder Legislativo. Como sabido, o Parlamento é formado pelos representantes eleitos pelo Povo. Sucede que esses mandatários são ecléticos, não possuindo, em sua maioria, conhecimentos técnicos que possibilitem a análise das contas públicas.[1]

4 O Tribunal de Contas e sua função social de divulgação dos dados apresentados pelos chefes do Poder Executivo

A já mencionada Constituição Cidadã de 1988 evoluiu o pensamento republicano e introduziu alguns mecanismos de exercício do controle social, a saber:
- defesa contra ilegalidade ou abuso de poder: art. 5º, inc. XXXIV, letra "a";
- direito a certidões: art. 5º, inc. XXXIV, letra "b";
- mandado de segurança coletivo: art. 5º, inc. LXX;
- *habeas data*: art. LXXII
- participação de trabalhadores nos colegiados de órgãos públicos para definir interesses profissionais e previdenciários;
- plebiscito, referendo e iniciativa popular: art. 14, incs. I, II, III;
- exame e apreciação das contas municipais: art. 31, §3º;
- denúncia ao Tribunal de Contas: art. 74, §2º;
- propositura de Adin por sindicato ou entidade de classe: art. 103, inc. IX;

---

[1] GUERRA. *Os controles externo e interno da Administração Pública*.

- gestão democrática do ensino público, entre tantos outros: art. 206 inc. VI.

Entre outras legislações que introduzem também o controle social, como, por exemplo, a Lei Complementar nº 101, de 4.5.2000, que, nos arts. 48 e 49, trata de instrumentos de transparência, ampla divulgação, inclusive por meios eletrônicos de acesso público das leis e orçamentárias e dos relatórios relativos à execução e à gestão fiscal; e a Lei nº 10.257/2001 – Estatuto da Cidade, ao impor, em seu art. 43, a regra do orçamento participativo no âmbito municipal.

O Tribunal de Contas do Estado de Minas Gerais, seguindo uma tendência de modernização da Administração Pública, vem investindo maciçamente no desenvolvimento e treinamento de seu corpo técnico, na melhoria e aparelhamento de suas instalações e recursos tecnológicos, visando sempre à vanguarda na excelência de sua prestação de serviços à população.

Neste contexto, a informação quando trabalhada de forma concisa e objetiva, assume um papel preponderante para o atingimento dos objetivos da Instituição, subsidiando de forma inequívoca e confiável a tomada de decisão pelos representantes do povo nas Casas Legislativas municipais e estadual no julgamento da destinação dada aos recursos públicos.

Desta forma, o parecer prévio assume um papel importante na divulgação das informações produzidas pelos chefes do executivo municipal e se, apresentadas de forma concisa e claras, ajudam a população a exercerem o controle social dos gastos públicos.

5 As modificações introduzidas no voto do parecer prévio da relatoria do conselheiro Sebastião Helvecio

Como já dito anteriormente, o Tribunal vem aprimorando suas ferramentas de gestão e ampliando seus controles para auxiliar na produção de relatório técnicos mais profícuos à população e ao seu público-alvo — os representantes do povo, que irão julgar tais contas.

Todavia, tais investimentos se tornariam inócuos caso não fossem prestigiados pelos dirigentes da Corte de Contas, os quais são responsáveis pela árdua tarefa de convalidar ou não os relatórios emanados dos gestores públicos. Daí a razão pela qual a chegada de um novo Conselheiro sempre é precedida de grande expectativa por parte de seus técnicos.

Tais expectativas mais uma vez foram superadas com a chegada do Conselheiro Sebastião Helvecio ao Tribunal de Contas. Sua bagagem pessoal como médico, parlamentar e estudioso de orçamento e Administração Pública foram determinantes para as novidades que foram agregadas aos votos de sua relatoria nos pareceres prévios.

A preocupação com o atendimento aos preceitos constitucionais e também à legislação infraconstitucional fez com que o Conselheiro Sebastião Helvecio introduzisse inovações e elaborasse seu voto de forma a ajudar os julgadores a visualizarem de forma precisa sua evolução ao longo dos quatro anos antecedentes.

Para alcançar seu objetivo, foi preciso um trabalho hercúleo de formação de um banco de dados manual, procurando os confiáveis e fazendo todo tipo de cruzamento para que as informações apresentadas fossem fidedignas.

Os quadros, denominados demonstrativos de desempenho dos índices constitucionais/legais, relacionam-se com os aspectos mínimos da gestão que os administradores devem alcançar para terem suas contas avaliadas favoravelmente.

O primeiro anexo (Ações e Serviços Públicos de Saúde) diz respeito à aplicação do índice constitucional do art. 77, inciso III do ADCT, com redação dada pelo art. 7º da EC nº 29/2000, que determina a aplicação de 15% do produto da arrecadação dos impostos municipais.

Como variante, o Conselheiro analisa como esse percentual foi gasto durante o exercício em análise e também nos 3 (três) exercícios anteriores, quebrando esse percentual entre as ações de saúde empregadas como segue: Atenção Básica, Assistência Hospitalar e Ambulatorial, Suporte Profilático e Terapêutico, Vigilância Epidemiológica, Vigilância Sanitária, Alimentação e Nutrição e outros gastos. O relator demonstra o total e depois apresenta a fração gasta em saúde com cada cidadão, em uma extensão de 4 anos, o que possibilita a visualização gráfica dos números.

O segundo anexo (manutenção e desenvolvimento do ensino) diz respeito à aplicação do índice constitucional do art. 212 da CR/88, que determina a aplicação de 25% dos impostos municipais, incluídas as transferências recebidas.

Da mesma forma, o relator usou indicadores como educação infantil, ensino fundamental, educação de jovens e adultos, educação especial, outros gastos e contribuição ao Fundeb e dividiu pelo total dos alunos para mostrar o montante gasto com cada um dos matriculados na rede de ensino do Município em análise.

Os gráficos utilizados demonstram visualmente a evolução dos gastos com a rubrica educação.

O terceiro anexo (Repasse à Câmara Municipal) diz respeito à aplicação do limite constitucional fixado no inciso I do art. 29-A da CR/88 com a redação dada pelo art. 2º da EC nº 25/2000. Aqui, através da visualização gráfica, os edis poderão perceber a evolução dos repasses e o quanto o Município gasta por habitante com sua casa Legislativa.

O quarto anexo (Despesa com pessoal) diz respeito à aplicação do limite de 60% da Receita Corrente Líquida com despesa com pessoal apregoado no inciso III do art. 19 da Lei nº 101/2000.

O quinto anexo (Demonstrativo de desempenho dos créditos orçamentários/adicionais) diz respeito ao acompanhamento dos créditos orçamentários e adicionais abertos no orçamento do Município. Nesse caso, há a análise da receita e da despesa fixada, dos créditos adicionais autorizados e dos abertos sob a forma de suplementares, especiais e extraordinários, e ainda da despesa empenhada.

Em outra tabela, analisa as infringências legais ocorridas no exercício e nos outros 3 (três) anos anteriores.

Por último, através da TAB. 9, demonstra a situação dos processos de prestações de contas do exercício e dos últimos 3 (três) anos, no âmbito da Corte de Contas.

Eis a forma com que os anexos ao voto formal se apresentam e fazem com que possa ser visualizado e facilmente entendido, isto é, autoexplicativo.

Conclusão

As demandas por mudanças da nova sociedade encontraram eco na visão gerencial do Conselheiro Sebastião Helvecio, que chegou à Casa introduzindo um novo olhar sobre as prestações de contas dos gestores do Executivo Municipal, com o intuito de fornecer novas ferramentas para que a avaliação dos representantes do povo na casa Legislativa seja cada vez mais técnico e menos político. Esse novo instrumento gerencial também propicia ao cidadão comum um acesso mais detalhado da gestão de seu representante no poder Executivo, assim como o acompanhamento dos processos de prestação de contas do Município não só no exercício, mas uma análise de sua performance como um todo nos quatro últimos anos.

Referências

GUERRA, Evandro Martins. *Os controles externo e interno da Administração Pública*. 2. ed. Belo Horizonte: Fórum, 2005.

PROCESSO N. XXXXXX PREFEITURA MUNICIPAL DE XXXXXX EXERCÍCIO 2009

ANEXO I - ÍNDICES CONSTITUCIONAIS/LEGAIS

1.1 Ações e Serviços Públicos de Saúde

Tabela 1 - Percentual de Aplicação nas Ações e Serviços Públicos de Saúde

Índice	2006	2007	2008	2009
Índice constitucional aplicado	19,87%	19,23%	24,72%	22,76%

Fonte: SIACE/PCA - dados apresentados/auditados
Nota: Data da consulta ao SIACE: 13/10/2010

Tabela 2 - Gastos nas Ações e Serviços Públicos de Saúde   Em R$

Indicadores	2006	2007	2008	2009
Atenção Básica	38.963,69	65.758,69	273.616,35	74.956,94
Assistência Hospitalar e Ambulatorial	858.500,69	931.761,53	1.344.689,36	1.426.600,24
Suporte Profilático e Terapêutico	-	-	-	-
Vigilância Epidemiológica	20.246,25	30.909,74	48.815,89	46.822,70
Vigilância Sanitária	-	-	8.691,96	7.993,99
Alimentação e Nutrição	-	-	-	-
Outros gastos	32.487,59	22.111,20	25.678,23	23.980,66
Total gasto com saúde	**950.198,22**	**1.050.541,16**	**1.701.491,79**	**1.580.354,53**
População	6.742	7.201	7.560	7.692
Gastos com saúde por habitante	**140,94**	**145,89**	**225,07**	**205,45**

Fonte: SIACE/PCA - dados apresentados/auditados - IBGE: dados demográficos
Nota: Data da consulta ao SIACE: 13/10/2010

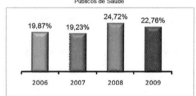

Gráfico 1 - Percentual de Aplicação nas Ações e Serviços Públicos de Saúde

Fonte: SIACE/PCA
Nota: Data da consulta ao SIACE: 13/10/2010

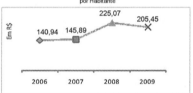

Gráfico 2 - Gastos nas Ações e Serviços Públicos de Saúde por Habitante

Fonte: SIACE/PCA - IBGE
Nota: Data da consulta ao SIACE: 13/10/2010

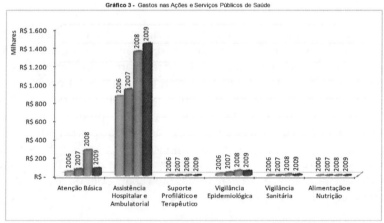

Gráfico 3 - Gastos nas Ações e Serviços Públicos de Saúde

Fonte: SIACE/PCA
Nota: Data da consulta ao SIACE: 13/10/2010

Fundamento legal:
Art. 77, inc. III do ADCT, com redação dada pelo art. 7º da EC n. 29/00: Mínimo de 15% da receita de impostos e transferências.

Nota: Os dados informados poderão ser alterados em virtude de Pedido de Reexame

PROCESSO N. XXXXXX PREFEITURA MUNICIPAL DE XXXXXX EXERCÍCIO 2009

1.2 Manutenção e Desenvolvimento do Ensino

Tabela 3 - Percentual de Aplicação na Manutenção e Desenvolvimento do Ensino

Índice	2006	2007	2008	2009
Índice constitucional aplicado	30,25%	29,09%	30,18%	33,67%

Fonte: SIACE/PCA - dados apresentados/auditados
Nota: Data da consulta ao SIACE: 13/10/2010

Tabela 4 - Gastos com a Manutenção e Desenvolvimento do Ensino   Em R$

Indicadores	Exercício			
	2006	2007	2008	2009
Educação Infantil	264.538,29	239.228,73	286.314,10	427.471,52
Ensino Fundamental	534.999,86	549.379,92	647.018,29	683.480,09
Educação de Jovens e Adultos	-	-	-	-
Educação Especial	-	-	-	-
Outros gastos	-	-	-	-
Contribuição ao FUNDEB/FUNDEF	647.039,93	800.213,27	1.144.244,25	1.227.274,18
Total	1.446.578,08	1.588.821,92	2.077.576,64	2.338.225,79
Total de alunos matriculados	788	835	874	918
Gastos com o Ensino por Aluno	1.835,76	1.902,78	2.377,09	2.547,09

Fonte: SIACE/PCA - dados apresentados/auditados - SEEM G/SI/SIE/Diretoria de Informações Educacionais: Censo Escolar
Nota: Data da consulta ao SIACE: 13/10/2010

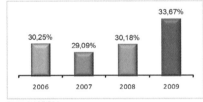

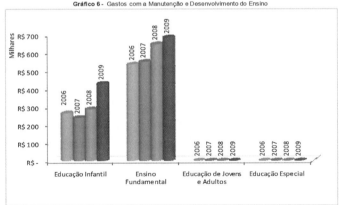

Fonte: SIACE/PCA
Nota: Data da consulta ao SIACE: 13/10/2010

Fundamento legal:
Art. 212 da CR/88: Mínimo de 25% da receita de impostos e transferências.

Nota: Os dados informados poderão ser alterados em virtude de Pedido de Reexame

PROCESSO N. XXXXXX PREFEITURA MUNICIPAL DE XXXXXX EXERCÍCIO 2009

1.3 Repasse à Câmara Municipal

Tabela 5 - Repasse à Câmara Municipal

Exercício	Índice	Valor (R$)	População	Despesa com o Poder Legislativo por Habitante (R$)
2006	3,88%	146.800,00	6.742	21,77
2007	3,04%	164.400,00	7.201	22,83
2008	3,26%	155.000,00	7.560	20,50
2009	4,76%	276.940,00	7.692	36,00

Fonte: SIACE/PCA - dados apresentados/auditados - IBGE: dados demográficos
Nota: Data da consulta ao SIACE: 13/10/2010

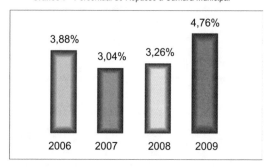

Gráfico 7 - Percentual de Repasse à Câmara Municipal

Fonte: SIACE/PCA
Nota: Data da consulta ao SIACE: 13/10/2010

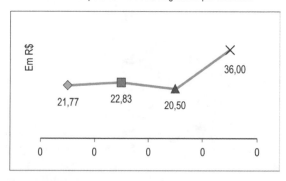

Gráfico 8 - Despesa com o Poder Legislativo por Habitante

Fonte: SIACE/IBGE
Nota: Data da consulta ao SIACE: 13/10/2010

Fundamento legal:
Art. 29-A, inc. I, da CR/88: Máximo de 8% da receita tributária e transferências, segundo o critério populacional.

Nota: Os dados informados poderão ser alterados em virtude de Pedido de Reexame

1.4 Despesas com pessoal

Tabela 6 - Despesas com Pessoal

Exercício	Executivo Índice	Executivo Despesa (R$)	Legislativo Índice	Legislativo Despesa (R$)	Total Índice	Total Despesa (R$)
2006	46,76%	2.701.096,97	2,05%	118.298,02	48,81%	2.819.394,99
2007	47,88%	3.111.423,01	1,93%	125.464,91	49,81%	3.236.887,92
2008	50,62%	4.177.144,02	1,72%	141.882,95	52,34%	4.319.026,97
2009	56,24%	4.682.816,24	2,72%	226.879,82	58,96%	4.909.696,06

Fonte: SIACE/PCA - dados apresentados/auditados
Nota: Data da consulta ao SIACE: 13/10/2010

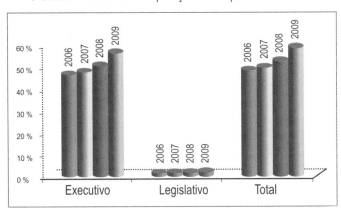

Gráfico 9 - Percentual de Aplicação na Despesa com Pessoal

Fonte: SIACE/PCA
Nota: Data da consulta ao SIACE: 13/10/2010

Fundamento legal:
Art. 19, inc. III e art. 20, inc. III, alíneas a e b da Lei Complementar n. 101/00: Máximo de 60% da receita corrente líquida, sendo 6% para o Legislativo e 54% para o executivo.

Nota: Os dados informados poderão ser alterados em virtude de Pedido de Reexame

PROCESSO N. XXXXXX PREFEITURA MUNICIPAL DE XXXXXX EXERCÍCIO 2009

ANEXO II - CRÉDITOS ORÇAMENTÁRIOS/ADICIONAIS

Tabela 7 - Créditos Orçamentários/Adicionais   Em R$

Execução Orçamentária	2006	2007	2008	2009
Receita Orçada e Despesa Fixada	6.500.000,00	7.400.000,00	8.796.000,00	8.850.000,00
Créditos Adicionais				
Suplementares				
Autorizados	975.000,00	1.480.000,00	2.199.000,00	2.478.000,00
Créditos Suplementares abertos	1.221.888,10	1.204.415,00	1.878.289,00	1.856.273,00
- Abertos por Anulação	1.221.888,10	1.204.415,00	1.878.289,00	1.856.273,00
- Abertos por Excesso de Arrecadação	-	-	-	-
- Abertos por Superávit Financeiro	-	-	-	-
Especiais				
- Autorizados	7.900,00	20.000,00	-	-
- Abertos	7.555,68	5.886,73	-	-
Extraordinários				
- Abertos	-	-		
Créditos disponíveis (*)	6.500.000,00	7.400.000,00	8.796.000,00	8.850.000,00
Despesa Empenhada	5.688.528,52	6.620.886,40	8.381.205,26	8.539.109,87

Fonte: SIACE/PCA - dados apresentados/auditados
Notas: Leis Orçamentárias Anuais N.: 917 (2009); 901(2008); 892 (2007); 883 (2006)
(*) Créditos disponíveis compõem-se dos Créditos Orçamentários +Adicionais (exceto os abertos por anulação)
Data da consulta ao SIACE: 13/10/2010

Tabela 8 - Infringências à Constituição da República de 1988 e/ou à Lei 4.320/64   Em R$

Infringências à CR/88 e/ou à Lei 4.320/64	2006	2007	2008	2009
Créditos Suplementares abertos sem cobertura legal	246.888,10	-	-	-
Créditos Suplementares abertos sem recursos	-	-	-	-
Créditos Especiais abertos sem cobertura legal	-	-	-	-
Créditos Especiais abertos sem recursos disponíveis	-	-	-	-
Despesa Empenhada sem créditos disponíveis	-	-	-	-

Fonte: SIACE/PCA - dados apresentados/auditados
Nota: Data da consulta ao SIACE: 13/10/2010

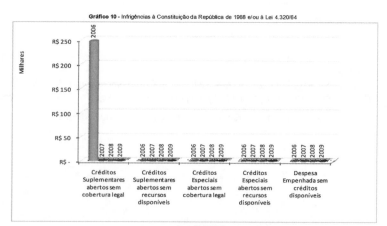

Gráfico 10 - Infringências à Constituição da República de 1988 e/ou à Lei 4.320/64

Fonte: SIACE/PCA
Nota: Data da consulta ao SIACE: 13/10/2010

Fundamento legal:
Art. 167, inc. II, V, VI, VII da CR/88 e arts. 42, 43 e 59 da Lei 4.320/64
Nota: Os dados informados poderão ser alterados em virtude de Pedido de Reexame

PROCESSO N. XXXXXX PREFEITURA MUNICIPAL DE XXXXXX EXERCÍCIO 2009

ANEXO III - IRREGULARIDADES APURADAS NO EXERCÍCIO

Tabela 9 - Irregularidades apuradas no exercício de 2009

Item	Descrição do fato	Norma violada	Montante (R$)	Recomendação

Sem irregularidades

Fonte: SIACE/PCA - dados apresentados/auditados
Nota: Data da consulta ao SIACE: 13/10/2010

ANEXO IV - SITUAÇÃO DAS CONTAS ANTERIORES

Tabela 10 - Situação das Contas Anteriores

Exercício	Processo n.	Situação do Processo (*)
2006	726484	Aguardando parecer do Ministério Público junto ao TCEMG
2007	747982	Aprovação das contas/sessão de 17/06/2010
2008	781412	Rejeição das contas / Sessão de 26/11/2009
2009	834446	Aguardando parecer /despacho do Relator

Fonte: SGAP
Nota: (*) Data da consulta ao SGAP: 10/11/2010
Os dados informados poderão ser alterados em virtude de Pedido de Reexame.

Município XXXXXX
Estimativa da População 2006: 6.742
Estimativa da População 2007: 7.201
Estimativa da População 2008: 7.560
Estimativa da População 2009: 7.692

Fonte: IBGE Censo do ano 2000

Informação bibliográfica deste texto, conforme a NBR 6023:2002 da Associação Brasileira de Normas Técnicas (ABNT):

VINAGRE, Rosane Meire; PAIVA, Letícia Rezende. Um novo olhar trazido pelo conselheiro Sebastião Helvecio sobre as prestações de contas dos representantes do Executivo Municipal e as modificações introduzidas no parecer prévio. In: GUERRA, Evandro Martins; CASTRO, Sebastião Helvecio Ramos de (Coord.). *Controle Externo*: estudos temáticos. Belo Horizonte: Fórum, 2012. p. 159-173. ISBN 978-85-7700-604-5.

ÍNDICE DE ASSUNTO

página

A
Accountability 68, 79-80
- Horizontal 80
- Vertical 80
Agente comunitário
- Profissão 89
Arte de governar
- Variáveis
- - Capacidade de governo 30
- - Governabilidade 30
- - Projeto de governo 30
Assistência social
- Diretrizes 54
Atenção Básica à Saúde (ABS)
- Estratégia saúde da família ... 90, 91
- - Objetivo 90
Ato administrativo
- Motivação 70
Auto de Prazo para Regularização
de Procedimento
(APRP) 57, 59, 62, 63, 64
- Finalidade 63
- Instrumento 59
- Para fins do exercício da função
constitucional 62
Autocontrole 117
Auxílio-funeral 49
- Beneficiário 52
- Natureza jurídica 52

B
Burocracia
- Principais elementos integrantes
do conceito 79

página

C
Contrato de gestão 61-62
Controle 116, 117
- Da Administração Pública
- - Formas 130
- Divisão 118
- Dos gastos públicos 118
- Função 117
- Hipóteses 119
- Interno 121, 125, 128
- - Princípios básicos 123-124
- - Regras necessárias ao
desenvolvimento da
estruturação 128-129
- Procedimentos e planos
administrativos de
- - Normas específicas 129
- Social
- - Mecanismos de exercício ... 164-165

E
Economicidade 124
Eficiência operacional 123
Exatidão e fidedignidade dos
dados contábeis 122

F
"Farmácia de Minas"
- Objetivos estratégicos 35
- Programa associado 35
Federalismo 20

G
Gestão do conhecimento ... 135-136

| página |

I
Imperatividade 58
Informação 142

J
Judicialização 15
- Da política 14, 16
- Da saúde 14
Jurisdicização constitucional 13

M
Métodos e medidas 122

O
Orçamento 31
Ordenamento jurídico 60

P
Parecer prévio
- Emitido pelo colegiado do
  Tribunal de Contas 164
Plano 17
- De organização 122
Pleno digital 145
- Plurianual (PPA) 31
Política Nacional de Assistência Social
- Beneficiários 55
- Princípios democráticos 54
Pregão
- Instituição do regramento pátrio 66
Primavera Árabe 159-160
Princípio
- Da eficácia 125
- Da eficiência 125
- Da legalidade 124
- Da legitimidade 124
- Da razoabilidade 71
- Da reserva da lei 28
- Da reserva do possível 29
Procedimento de licitação
- Objetivo 71

| página |

Profissionais das equipes de saúde
  da família
- Arregimentação 92
Programa Saúde da
  Família (PSF) 88, 90
- Responsabilidades em cada
  esfera de governo 89
Projeto Suricato 134
- Objetivo geral 138-139
- Principal ferramenta utilizada 138
- Questão central 137
Proteção do patrimônio 122

R
Receita Corrente Líquida (RCL) 32

S
Saúde
- Assistência à 87
- Encarecimento do financiamento
  do gasto com
- - Motivações
- - - extensão territorial da cobertura 24
- - - extensão vertical da cobertura 24
- - - tecnologia médica 25
- - - transformação na estrutura das
  morbimortalidades da clientela 25
- Na Constituição da República
  Federativa do Brasil de 1988 .... 11, 87
- - Características essenciais 11
Sistema 127
- De controle interno 127
- De saúde no Brasil 88
- De seguridade social 47
- Informatizado de Fiscalização de Atos
  de Pessoal (FISCAP) 151-152, 155
- - Tecnologia 153-154
- Norma operacional básica 54
- Único de Assistência Social (SUAS) 53
- - Benefícios assistenciais 53
- - - modalidades direcionadas a
  públicos específicos 53
- Único de Saúde (SUS) 88

página	página

T
Tecnologia 143
Termo
- De Ajustamento de Conduta
  (TAC) 60-61
- De referência 74-75
Tribunal de Contas do Estado de
  Minas Gerais (TCEMG) 133, 162

U
Unidade de Saúde da Família (USF) 88

V
Viragem jurisprudencial 16
Visita domiciliar 91

ÍNDICE DA LEGISLAÇÃO

C

Constituição da República Federativa do Brasil de 1988 .... 17, 19, 20, 21, 33, 87, 99, 120, 146, 160
- art. 5º
- - inc. XXXIV 164
- - inc. XXXV 119
- - inc. LXX 164
- - inc. LXXVIII 156
- art. 6º 13
- art. 14
- - inc. I 164
- - inc. II 164
- - inc. III 164
- art. 22
- - inc. XXIII 48
- art. 29-A
- - inc. I 167
- art. 31 120
- - §3º 164
- art. 37 .... 67, 71, 74, 92, 99
- - §8º 60, 61
- art. 49
- - inc. V 119, 120
- - inc. IX 120
- - inc. X 120
- art. 50 120
- art. 51
- - inc. II 120
- art. 52 120
- art. 70 .... 67, 71, 120, 124
- art. 71
- - inc. VIII 58
- - inc. IX 57, 58, 61, 62, 64
- art. 74 .... 33, 60, 164
- - inc. I 84
- - inc. II 84, 124
- - inc. IV 84, 125
- art. 75 120
- art. 84
- - inc. XXIII 18
- art. 103
- - inc. IX 164
- art. 150
- - inc. II 51
- art. 165 .... 31, 72
- - §1º 33
- - §4º 33
- - §7º 33
- art. 194 .... 11, 47
- art. 196 .... 11, 12, 13
- art. 198 .... 11, 93
- - §5º 93, 94
- art. 199 87
- art. 201 48
- - §9º 32
- art. 203 51
- - inc. I 48
- art. 206
- - inc. VI 165
- art. 212 166

Constituição do Estado de Minas Gerais de 1989 17
- art. 76
- - inc. VI 142
- - inc. XVI 57

	página
- art. 153	33
- art. 154	18, 33
- art. 157	
- - §1º	33
- - §2º	33
- art. 158	
- - parágrafo 1º	12
- art. 165	33
- art. 186	12-13
- art. 188	13
-art. 231	33

D

Declaração dos Direitos do Homem e do Cidadão de 1890
- art. 15 117
Decreto Federal nº 3.189/1999 88
Decreto-Lei nº 1058/1939 30
Decreto nº 3.555/2000
- art. 8º 74
Decreto nº 91.466/1985 11

E

Emenda Constitucional nº 19/1998 61
Emenda Constitucional nº 25/2000
- art. 2º 167
Emenda Constitucional
nº 29/2000 .... 11, 12
- art. 7º 166
Emenda Constitucional nº 45/2004 156
Emenda Constitucional nº 51/2006 93
Emenda Constitucional nº 78/2007 149

I

Instrução Normativa nº 16/1991 123
Instrução Normativa TC nº 8/2008 163
Instrução Normativa TC nº 10/2012 145

L

Lei Complementar nº 101/2000 33
- art. 1º
- - §1º 33

	página
- art. 2º	32
- art. 5º	31
- art. 19	10
- art. 20	10
- art. 22	10
- art. 48	165
- art. 49	165
- art. 59	121
- - §1º	63

Lei Complementar nº 102/2008 149
- art. 3º
- - inc. XVIII 57
- art. 85
- - inc. III 59
Lei nº 101/2000
- art. 19
- - inc. III 167
Lei nº 1.711/1952
- art. 156
- - §2º 48
Lei nº 4.320/1964 .... 31, 119, 120
Lei nº 7.347/1985
- art. 5º
- - §6º 60
Lei nº 8.112/1990
- art. 185 51
- art. 226 49
- art. 231 48
Lei nº 8.213/1991 49
- art. 18 51
- art. 141 .... 49, 51
Lei nº 8.666/1993 104
- art. 3º 71
- - §1º
- - - inc. I 71, 74
- art. 6º
- - inc. IX 72
- art. 7º 72
- art. 11 73
- art. 12 73
- art. 14 73

	página		página

- art. 15 73
- art. 23
- - §1º 73
- art. 38
- - inc. VI 74
- - inc. XII 74
Lei nº 8.742/1993 53
- art. 22 .... 49, 51
- art. 40 51
Lei nº 9.528/1997 49
Lei nº 9.637/1998 92
Lei nº 9.717/1998
- art. 5º 49, 50
Lei nº 9.783/1999
- art. 1º 51
Lei nº 9.790/1999 92
Lei nº 10.257/2001
- art. 43 165
Lei nº 10.520/2002
- art. 3º 66
Lei nº 10.887/2004
- art. 185 48

Lei nº 11.079/2004 75
Lei nº 11.350/2006 .... 89, 93, 94, 96, 98, 99, 100
Lei nº 15.032/2004 33
Lei nº 17.007/2007 33
Lei nº 17.347/2008 34
Lei nº 18.694/2010 34

N

Norma Operacional Básica do SUS
   nº 1/1996 90

P

Portaria nº 267/GM/2001 91
Portaria nº 1.444/GM/2000 91
Projeto de Lei Complementar
   nº 8/2011 149
Projeto de Lei nº 135/1996 128

S

Súmula TCEMG nº 105/2007 .... 148, 149

ÍNDICE ONOMÁSTICO

página

A
Abrucio, Fernando Luiz 68, 80
Amaral, Gustavo 21
Andrade, Érico 75, 82
Arantes, Rogério Bastos 15
Ataliba, Geraldo 20

B
Bandeira de Mello, Celso Antônio 94
Baran, Uri 135
Barcellos, Ana Paula de 27
Batista, Fábio 136
Behn, Robert 69, 78, 79
Borins, Carlos 69
Bucci, Maria Paula Dallari 77

C
Caiçara Júnior, Cícero 138
Campos, Anna Maria 68
Canotilho, José Joaquim Gomes 16
Carvalho Filho, José dos Santos 94
Cassese, Sabino 75, 76
Castro, Domingos
  Poubel de 117, 121, 123
Castro, Sebastião Helvecio
  Ramos de 104, 154, 165, 166, 167
Chagnazaroff, Ivan Beck 20
Cittadino, Gisele 15, 16
Cruz, Flávio da 121, 122, 123
Cunha, Antônio Geraldo da 17

D
Dallari, Adilson Abreu 70
Di Pietro, Maria Silvia Zanella 71

página

E
Elazar, Daniel Judah 20

F
Fagundes, Miguel Seabra 116
Fernandes, Jorge Ulisses Jacoby
  Ver Jacoby Fernandes, Jorge Ulisses
Ferrari, Regina Maria Macedo Nery 20
Fiori, José Luis 20

G
Giacomini, Carlos Homero 136
Gouvêa, Marcos Maselli 26
Guerra, Evandro Martins 116, 118, 123, 124, 126, 128, 164
Guimarães, Maria Celeste Moraes 126
Ghisi, Adhemar 128

H
Hall, Richard 78
Hickson, David J 77
Hobsbawn, Eric John 17

J
Jacoby Fernandes, Jorge Ulisses 63, 125, 127, 128
Justen Filho, Marçal 70, 72, 81, 82, 95, 97

K
Kelles, Márcio Ferreira 117, 119
Koerner, Andrei 15, 16

	página
L	
Lima, Luiz Henrique	119, 121

	página
R	
Roemer, Milton I.	25

M
Maciel, Débora Alves 15
Mattos, Rubens Araujo 18
Matus, Carlos 30
Medauar, Odete 116
Mello, Celso Antônio Bandeira de
  Ver Bandeira de Mello, Celso Antônio
Mello, Celso de 27, 28
Mendes, Gilmar 29
Motta, Carlos Pinto Coelho 63

O
O' Donnell, Guillermo 80

P
Pinho, José Antônio Gomes de 68
Piola, Sérgio Francisco 23
Pugh, Derek S. 77

S
Sacramento, Ana Rita Silva 68
Santos, Isabela Soares 22, 23
Say, Jean Baptiste 25
Servo, Luciana Mendes 23
Silva, Arídio 143
Silva, José Afonso da 62
Struchiner, Noel 17

U
Ugá, Maria Alicia Dominguez ... 22, 23

V
Vianna, Luis Werneck 15

W
Weber, Max 77, 78
Weintraub, Arthur Bragança
  de Vasconcelos 26

Esta obra foi composta em fonte Palatino Linotype, corpo 10
e impressa em papel Offset 75g (miolo) e Supremo 250g (capa)
pela Paulinelli Serviços Gráficos Ltda.
Belo Horizonte/MG, outubro de 2012.